靜好

編按：「靜好」二字出自《詩
「琴瑟在御，莫不靜好。」
以及白居易《聽幽蘭》裡面出
「欲得身心俱靜好。」
褚士瑩特別寫了送給讀者，
願你生活美妙靜好。

FUTUR

1年計畫

預約10年後的自己，
需要年年實踐與更新

NOW

10年對話

實現目標暢銷版

褚士瑩

著

【序】成為自己

你有沒有想過，每一個青春的靈魂，每一個靈魂裡的青春，是如何成為自己的？

我常常在想，為什麼臉書被說是老人用的，其中有一個原因是每次登入臉書，就充斥著一種「懷舊」的氛圍，彷彿進入人生下半場的人們，身邊充斥著都是滿滿的懷舊，滿滿的民歌演唱會，小時候看過的電視電影漫畫，追過的偶像，還有太多的生老病死，太多的婚喪喜慶，讓我不禁懷疑，人並不是歲月催老的，而是在無盡的懷舊中變老的。

我們真的需要另一場同學會，或另一場童年偶像的一日復活演唱會，來提醒我們過去的自己是誰嗎？懷舊，讓我們繼續活在當年，停止活在現在，也停止獲取新的經驗。我們可以記得過去，但是也要記得從現在起，結交新的朋友，學習新的事物，學唱新的歌，接受新的思潮，成為未來的自己。

否則，我們只是一個不斷老化的、過去的自己。

或許比起知道自己以前是誰更重要的是，我們更需要知道自己現在是誰、以後又將會是誰！

回想當年我考上台大的大學同學們，之所以會在十八歲進入台大，以現在具備的社會經驗回頭看來，其實不可能只是因為我們個人的努力，而是在那之前至少十年，父母對教育的態度，社會的結構，以及考場上、選填志願時，無數不可控制的運氣，共同交織的結果，才會成為別人眼中那個意氣風發的台大人、人生勝利組。同樣的，每一個失意的、被社會認為是魯蛇的十八歲年輕人，也都是被同一台名為教育的命運果汁機，攪拌出來的成品。

在時代的教育體制中，我們在懵懵懂懂中進了大學，從那一刻開始，每一堂選修過的課，參加過的社團，每一個還好有認識、跟後悔認識的人，每一件事做對的、做錯的決定，每一場參加過的社會運動，打過的工（甚至打過的人……），或在福利社買過的每一顆茶葉蛋，在學校旁邊的小店吃下的每一碗湯圓和每一盤刨冰，每一場與人的相遇和對話，都決定了十年後的我，成為一個什麼樣的人。

所謂「成為自己」的過程中，如果沒有自我覺察，無非就是在以每十年為單位的時間流中，有意識和無意識的積累——說穿了，跟我們腰間脂肪堆積的方式沒什麼兩樣。

美國前第一夫人蜜雪兒．歐巴馬在她的自傳《成為這樣的我》裡面這麼說：

「如果你不先站出來定義自己，很快地別人會用錯很大的方式幫你定義。（If you don't get out there and define yourself, you'll be quickly and inaccurately defined by others.）」

所以，現在的我，已經活成自己了嗎？

還是成為自己，是一場只要活著，就沒有終止的「現在完成進行式」？（英語小老師上身：**Have been + V-ing** 就是這個時態的句型結構，用來表示「直到現在以前，某動作或狀態都一直在持續」）

所以，別老只是「懷舊」「念舊」「敘舊」，過去的已經過去了，別忘了現在我們做的每一件大事、小事、每一個微笑、每一個大笑、每一個怒容、每一場大哭，也都會決定我們十年後、二十年後會成為的那個人。

所以可以別再只光顧著懷舊了嗎？

透過這本書，我們學會如何通過計畫，跟十年後未來的自己進行對話，我們在成為自己的路上，別忘了別人也在成為他們自己的路上。所以我們應該邀請自己，以及我們身邊那些最熟悉的陌生人，讓我們以為的「過去式」重新成為「現在完成進行式」，在每一個外表看似乎沒有太大意義的吃吃喝喝、交流互動中，在舊記憶的基礎上、創造新的記憶，重新認識老同學、結交新朋友，重新認識自己，甚至重新認識自己的父母、兄弟姐妹、甚至大到社會國家，積累並且形塑自己和彼此未來的樣子，但是希望這一次，我們靠的運氣少一點，也不再仰賴大人或握有權力者的說教跟控制，多一點自己有意識地思考和選擇，成為自己真正喜歡的樣子。

【初版序】大蜥蜴變青鳥：因為沒有人能戰勝藍天

我的編輯Elaine跟我，我們已經認識了超過二十個年頭。

當時，Elaine是一個剛出校園的菜鳥編輯，我則是剛出過兩三本書的菜鳥作者，還在大學念書。回想起來，當時我們懂得真不多，可是都很拚命想要把自己變得更好、更強大。

「我很記得你的實踐力。」有一天，如今已經是總編輯的她，突然跟我聊到當年的往事。「記得有一天在辦公室，你拿著印度地圖給我看，說要去那裡旅行。我聽了想：『哇！印度耶！』過了兩個月，我又在辦公室看到你，你曬得好黑好黑，跟我說：『嗯。我從印度回來了。』我想：『啊！這個人，怎麼說去，就真的去了……』」

我聽了忍不住笑起來。要不是她提起來，我已經完全忘了有這檔事。

「還有，你說要去埃及念書，然後立刻就開始去上阿拉伯語課。過不久，真的就去了埃及。」她又說，「你看，你還在上緬甸語。所以我覺得啊，你是那種想到就去做的人。一般人都只是想，不會去做。很多人只看到你實踐後的狀態，覺得你很幸運，很成功，但是其實我覺得真正最有價值的，並不是教人怎麼從做這些事情中得到成功，而是教人怎麼擬計畫。」

就這樣，我們開始發想了這本書：「今年只要完成十件事。」我們都同意，**這本書的重點不是那「十件事」，而是「只要」**。因為如果我去印度旅行所以你也去印度旅行，我去埃及念書所以你也去埃及念書，我學緬甸語所以你也學緬甸語，大概不會因此變得更快樂。因為那些事，從來就不是重點，**每個人想要做的事情，也都不一樣**。

但是有一點，我們是一樣的：我們都希望明天的自己，變得比今天更好。

記得少年時，有個我很喜歡的澳洲樂團叫做Crowded House。原本我已經完全忘了他們，直到跟Elaine的談話後不久，在英國國家廣播公司的電台節目上，突然再度聽到這首久違的歌〈Weather With You〉（你把好天氣都跟你一起帶走了），才突然想起這首歌在當時，給一個哪裡都沒有去過、什麼都沒有做過的少年，莫大的勇氣。

歌詞是這樣的：

Walking round the room singing（我在房間裡踱步唱歌）

Stormy Weather（外面颳著風下著雨）

At fifty seven Mt. Pleasant St.（地址是愉悦之丘街五十七號）

Now it's the same room but everything's different

（雖然是同一個房間，但人事已經全非）

You can fight the sleep but not the dream

（人或許能夠跟睡眠搏鬥，卻不能戰勝夢想）

Things ain't cooking in my kitchen

（就像廚房裡不能做無米之炊）

Strange affliction wash over me

（我整個人也魂不守舍）

Julius Caesar and the Roman Empire

（無論是凱薩大帝還是羅馬帝國）

Couldn't conquer the blue sky（都無法戰勝藍天）

There's a small boat made of china（好像那艘搪瓷做成的小船）

Going nowhere on the mantelpiece

（在壁爐架上靜躺著哪裡也去不了）

Do I lie like a lounge room lizard

（我究竟像房間裡一隻動也不動的巨型寵物蜥蜴）

Or do I sing like a bird released

（還是像被釋放的青鳥般大聲歌唱）

Everywhere you go you always take the weather with you

（無論你去哪兒，你總是把好天氣跟你一起帶走）

「我好像那艘搪瓷做成的小船，在壁爐櫃上靜躺著哪裡也去不了。」副歌一遍又一遍唱著。記得少年的我，一邊跟著哼歌，一邊問自己：「我究竟要像房裡一隻動也不動的蜥蜴，還是像被釋放的青鳥般歌唱？」

然後五音不全的我，跟著越唱越大聲，終於流下了淚來。

去印度旅行。去埃及念書。去緬甸工作。這都是後來的事情。按下時光的快轉鍵，如今的我，再也不是那個因為外面的風雨而困在房間中踱步，流著淚哼著歌，羨慕著別人青鳥般自由生活的慘綠少年，很多人說我是旅行家，很多人說我適應力特別強，很多人說我真是幸運。但是只有我知道，我不是因為幸運所以出國，因為出國所以才學會旅行，因為旅行而懂得享受生命。**事實上是，因為我讓自己成為一個懂得享受生活樂趣的人，所以無論人在哪裡，都有旅行的趣味，與其說因為旅行，才讓生活變得有趣，還不如說是我決定透過旅行，學習如何變成一個有趣的人，讓生活分分秒秒都更有滋味。**

這中間，想必發生了一些有趣的事，才讓我得到了生命的轉換。這本書就是要分享我如何擬定讓生命發生改變的計畫，讓少年的我從關在房間裡一動不動的大蜥蜴寵物，逐漸蛻變成為在藍天自由飛翔的青鳥的過程。

當然，我們都知道，蜥蜴是不會變成鳥的。所以這不會是一本科學或是管理的書，我要說的是一個讓心轉化的過程，讓心裡那隻一動也不動的醜陋大蜥蜴，長出優雅的翅膀，覆滿美麗的羽毛，向藍天飛去。既然沒有人能戰勝藍天，那就讓我們加入吧！**別忘了，無論去哪兒，都要將好天氣也一起帶著走。**

003 【實現目標暢銷版序】成為自己
007 【初版序】大蜥蜴變青鳥：因為沒有人能戰勝藍天

chapter 1
今年我只要完成十件事：攻頂的第一步 019
020 量身訂做的時間管理
022 是否聽到了自己的生活節奏
024 效率的定義：做真正想做、值得做的事
026 NG案例分享：太籠統！太普通！
029 任何一天都可以開始，不用等到新年新希望
032 了解自己的能力，才能切合實際

chapter 2
今年我要捨棄廢物：從整理行李看自己 039
040 原本的生活可以全部裝進行李箱嗎？
045 熟悉的幸福感？別把自己黏在框框裡
051 學著對自己說，夠了！
054 打包行動改變了我
055 真正好的東西，一個就夠了
058 不論收納整理，都是面對自己

{CONTENTS}

chapter 3
今年我不要當任何人的仿冒品

061
062 為什麼想要換掉原來的長相？
064 不要害怕人生有點傷口
066 面對這個不完美，接受這個不完美
068 不要只為自己的外表打負面分數
070 只改變外貌，人生就會變得幸福嗎？
073 重新找到自己的關鍵特色
074 仿冒品永遠無法成為品牌
078 三個步驟讓自己成為有魅力的人
079 改造計畫建議① ↓ 體會運動的快樂
082 運動習慣無法仿冒
084 快樂無法仿冒
085 改造計畫建議② ↓ 從減肥證明你不了解自己

chapter 4
今年我要跟錢握手當好朋友

091
092 有行動力才有收穫
093 受用的人生觀：模仿自己喜歡的人
095 先看有多少錢，才決定要花多少
098 每天為錢憂慮，智商會降低13分
100 花越多，就賺越多？
102 「永遠比夠用多一點點」的金錢觀
103 從來不知道錢花到哪裡的人請看這裡
106 我在曼谷實現買房計畫
111 有了一次完成，就可以激勵下一次的完成
113 持續力才能當錢的好朋友

chapter 5

今年我跟人的關係要更好 117

118 你很重要，世界需要你
119 生命中，動人而美麗的關係
124 原來當時這場旅行如此重要
127 和解，從旅行開始
130 一個人的夢想，變成一群人的夢想
134 從現在開始，對最重要的人做點什麼
136 目標量化：決定成為十個人的天使
138 我們有沒有能力關心陌生人
140 是否忘了謝謝一個人
143 在未來有一種共生的奇妙關係
148 如果我可以做得更多，就不要停止發展關係
150 學習表達更多的愛

chapter 6

今年我要成為某種達人：增強專業能力 155

156 一個動人的決定，做到死也真心喜歡
158 用「消去法」試試看
164 不是挑最好，也不是賺最多，而是這輩子想要一直做下去
165 因為夢想是用來實現的，不是用來破碎的
167 不要做個讓人生氣的「證照達人」
172 虛胖的網路批評，只會暴露自己什麼都不懂
174 嗜好與專業完全不同
177 找到一件讓人生著迷的事
179 主業，副業，誰是老大？

{CONTENTS}

chapter 7

今年我要改變一個壞習慣：對，一個就好！

185

186 真的永遠改變不了嗎？
187 不要再給合理化的藉口了：我就是這樣啊！
190 不要想一次改掉十個壞習慣，不可能！
192 你也可以當自己的馴獸師
196 實例說明：我要如何戒除重度上網症！

chapter 8

今年我要學習一個有趣的新東西

203

204 學英文看起來比較高尚？
207 「簡單」就不夠厲害嗎？
209 急著學，通常也急著放棄
211 錯誤的學習，直接送進失敗保證班
216 從小角落開始也可以欣欣向榮

chapter 9

今年我要去一個未知的地方旅行

今年我要去一個未知的地方旅行 221
既然要做，就火力全開吧！ 222
培養「規劃力」和「實踐力」 226
正視自己的財力 227
受挫後的復原力，每天都是新的一天 229
換個方式，不忘初衷 230
對，沒什麼了不起，但卻是自己設計的旅程 233

chapter 10

今年我要學跟十年後的自己對話

今年我要學跟十年後的自己對話 239
對話①：找到一個方法認識未來的自己 240
對話②：讓自己更喜歡自己 244
對話③：想想十年後不想看到的自己 248
對話④：人生是自己的，誰也無法幫你創造 251

Everywhere you go you always take the weather with you.
別忘了，無論去哪兒，都要將好天氣一起帶著走。

chapter 1

今年我只要完成十件事：攻頂的第一步

每個人想做的事
都不一樣，
只要自己想做的事
有哪些？

讓自己的希望很明確，
對自己有特別的意義，
確實可行性，
而且可以隨時開始，
成功的機率就大很多。

量身訂做的時間管理

今年要完成的十件事，第一件事就是：決定今年到底要完成哪十件事。

「那還不簡單！」我似乎已經聽到很多人用鼻孔發出不以爲然的聲音。

但是請等一下。你眞的知道今年應該要完成什麼事嗎？如果覺得這麼簡單的話，爲什麼以前的「新年新希望」都半途而廢、無疾而終？

很多人總是問我，如何做時間管理的，爲何感覺上總是很有效率，能夠同時做好很多事情，但我都很誠實地告訴他們，其實我並沒有做時間管理，**只是傾聽自己內心的聲音，一直一直地去做我最想做的事情，而且努力做好，如果是不想做的事情，也很有效率地做好，最後應該也不會有什麼好結果吧**？

所謂的「效率」或是「時間管理」並不是一件不分尺碼、誰穿都合身的衣服，我還記得以前念中學的時候，英文課本裡面有一課講的是「Efficiency Expert（效率專家）」，（內容來自《Cheaper by the Dozen》一整打比較便宜）這本一九四八年出版的自傳，作者Frank

B. Gilbreth, Jr. 跟Ernestine Gilbreth Carey，回憶他們的效率專家父母Frank Bunker Gilbreth及Lillian Moller Gilbreth在美國新澤西州將十二個孩子帶大所發生的種種趣事，書名來自每次有人問他爸爸，爲什麼一口氣生那麼多孩子的時候，在工廠擔任效率專家的父親總是會說：

「因爲一次買一整打比較便宜！」

這本原著一九五〇年還翻拍成電影，現在已經不記得詳細的內容了，但當時幼小的心靈就覺得這個課文中的爸爸很扯，我唯一記得最清楚的是，他爸爸扣釦子的時候，都從下往上扣，這樣只要三秒鐘，因爲如果從上往下扣的話，要花七秒鐘，當時我只覺得：當到這種家長的孩子眞是太不幸了。

出了社會以後，我還眞遇到過這種爸爸，有一次在演講之後，有個中年男人拿著他幫全家規劃的暑假自助旅行行程要我看（其實是拿來向我炫耀），一看到洋洋灑灑的規劃，我整個人就快昏厥過去了，因爲這個爸爸規劃全家去東京的行程，細瑣到從車站走到天空之樹兩分鐘，往上看一分鐘，然後坐電梯到幾樓半分鐘……我忍不住看他身旁的妻子跟兒子，都愁眉苦臉的，我一點也不怪他們。

「如果沒有完全按照時間，多拖延一分鐘他都會生氣，因爲爸爸什麼都算得剛、剛、好。」兒子偷偷私下跟我說。

「嗯，我也覺得不要去比較好。」我也偷偷小聲在他耳邊說。

作爲一個生性有點隨便的人，完全沒有辦法忍受把人當作機器，所以對於能夠夜以繼日、年復一年在生產線上，不用動腦子只要不斷重複做一個動作，而且覺得這樣的人生很不錯的人，我實在很難以理解，因爲無論老闆付我多少錢，我大概都無法喜歡這樣的生活吧？因爲我相信**時間管理可以不用是一種機械式的訓練，而是一種個人生活風格的延伸**。

是否聽到了自己的生活節奏

比如說此時此刻的我，經過十九天在泰國、緬甸的連續工作後，拖著疲倦的身軀、跳上離開曼谷的長途巴士，然後換上快艇，到一個我喜歡的島上，給自己四天時間潛藏在無干擾的自然裡，第一天完全休息，只想著十年後的自己想成爲什麼樣的人。第二天整理該結案的文件單據報告，知道自己什麼都不欠。然後留兩天規劃接下來的一個月。通常到了第四晚我已經精神飽滿，胸中充滿愉悅，迫不及待要回到城市，躍躍欲試。感覺上這樣比每上班五天、然後週休二日，更適合我生命的節奏，每個人本來就都不大一樣，有人喜歡清晨四點早起，有人只喜歡上夜班，**傾聽自己內在的韻律，才能把日子過好。**

巴西亞馬遜河支流的皮拉哈族人的文化之所以動人，並不是因爲他們有著超級複雜的智慧系統，而是因爲族人的天眞，反映在生活跟語言的各方面。比如族人黃昏告別不說晚安，而說：「別睡，這裡有蛇！」關懷提醒彼此要小心，他們每次睡覺，一次不超過兩小時，一天僅睡約四小時，因此夜半的森林裡，總是傳來打鼓、唱歌的熱鬧聲音，這樣的自然文化讓我有機會思考，或許這才是最自然、最合理的時間安排，因爲人類的嬰兒，不也都是累了就睡覺，不累就醒來嗎？無論是大自然裡的野生動物，或是人類豢養在家裡的貓狗，也都還繼續遵循著這樣合理的自然規律，是從什麼時候開始，人類規定自己白天就要醒著，晚上就要睡覺，一天只能睡一次，一次就要睡六到八小時，比這個數字少就是失眠，比這個數字高就是嗜睡？

正因與其他人類隔絕，跟大自然爲伍的皮拉哈人，不覺得特別要在晚上睡覺，也才有幸能繼續最自然的生活規律，挑戰我們現代人往往自以爲是的「常識」。

這樣說起來簡單極了，但不信的話，每個週一早上八點鐘站在忙碌的捷運站月台，仔細去看那一張一張上班族的臉吧，就不難發現，其實大部分的現代都市人，並不知道自己其實不需要按照Mr. Efficiency「效率先生」規定的節奏來生活，那些總是只會嘆氣說「沒辦法」

的人，或許只是還不懂得傾聽自己生命的聲音罷了。

效率的定義：做真正想做、值得做的事

與其有著像機器一樣的高效率，我相信更重要的，是具備能夠傾聽自己生命的能力，或許這解釋了爲什麼社會上會有那麼多其實並不想做學問、也不想教書的博士，或是空有專業、但是目光呆滯的上班族。

我雖然沒有念博士的耐性，也沒有專業的才能，可是我總有著非常想要做好的事情，像是源源不絕的燃料，推動著我面帶微笑、欣然向前。

真正的效率，是餵養、豐富生命，去做真正想做、值得做的事。因爲一口氣買整打或許比較便宜沒錯，但是一點都不想要的東西，即使一個都嫌多啊！

如果我能把自己當作一個皮拉哈人，決定列一張清單在今年的十二個月想要完成的事情，那會是什麼呢？這是我試列的清單：

- 我要去一個沒有去過的新地方旅行。
- 我喜歡航海，我今年也還要去航海。

- 我要繼續穩定地存錢，爲未來老後做準備。
- 我想要用住在緬甸茵萊湖上的茵達（Intha）族人將荷花纖維捻成的珍貴手工絲線，製作成一條兩公尺見方的完美披肩。
- 我要多花時間跟重要的家人、朋友相處，目標是這一年內成爲對十個人的生命有特別意義的人。
- 我想爲緬甸北部戰亂中的克欽邦做一點事，雖然還不知道自己能做什麼。
- 雖然我沒有運動員的技巧，但是我想要擁有運動選手的態度跟活力。
- 我要訓練自己差勁的記憶力，這一年盡量別遺失東西。
- 我想學一門新的手工技藝，可能是木工，或是比較容易隨身攜帶的手作技術。
- 我要找到一個可以作爲標竿的對象，以他爲業師（mentor），當成接下來這一年努力的目標。

這張清單，很顯然是針對我一個人設計的，**對於別人可能毫無意義，因為這本來就是我想要完成的事，跟別人沒關係啊！**

NG案例分享：太籠統！太普通！

我的清單跟其他人的清單，有什麼不同呢？一位在郵輪公司工作的英國朋友，八月底在臉書上PO了一則這樣的個人動態：

facebook

My new years resolution was to lose 10 kilos by the end of summer. I've only got 20 kilos to go......

（我年初時的新希望是夏天結束以前，我能減肥十公斤，現在我只剩二十公斤要減了……）

「哈！就是他了！」

我心裡暗想，這就是最典型的失敗案例啊。於是我立刻私訊問他，他今年初設定的新年新希望是什麼？

他寄給我的清單是這樣的：

- 減肥
- 酒少喝一點
- 戒菸
- 多運動
- 多存錢
- 獲得升遷
- 放多一點年假
- 多跟家人相處（對媽媽好一點）
- 裝修房子
- 水電、手機帳單都要按時繳付

• 信用卡不要刷爆，當期繳全額，不要陷入循環利率的惡性循環。

「這跟你去年的清單有什麼不一樣？」我問這位朋友。

「基本上一樣。」他有點不好意思地說。「老實說，每年幾乎都一樣。」

「爲什麼？」

「因爲都沒有做到啊！」

這樣的一張希望清單，在我眼裡看來，結果肯定是災難跟挫折感，但是很多人的新年願望，卻都跟我這個英國朋友的清單很像。

不會成功的原因，其實很簡單：

太籠統。

想要過得健康一點，所以要戒菸、少喝酒，當然沒有錯。但只是這麼計畫，實在太籠統了，籠統的結果，就是沒有實質的意義。如果眞想戒菸，比較有意義的願望或許是：我想從每天抽兩包香菸，減少爲每天抽一包香菸。如果一天習慣了抽四十支香菸的人，突然要變成一支香菸都不碰，失敗的機率當然是很高的。

太普通。

想減肥，想讓自己更健康、多運動，想改善原本的身體狀況，當然是不可否認的好事，問題是這麼普通的願望，因爲不夠特別，好像就算做到也是應該的，以至於光是想著想著就不想做了。所以與其說「多運動」，不如更明確地說「加入健身房」，但是老實說「加入健身房」，又不如將目標定爲「明年元旦要參加超半馬路跑，二十五公里完跑」。

任何一天都可以開始，不用等到新年新希望

老實說，我最討厭每年一月的第一個禮拜去健身房運動。原因很簡單，因爲運動器材上滿滿都是看起來好像國小畢業以後就沒有運動過、什麼器材都不會使用的人，但是我也知道，只要等一個禮拜，這些人來匆匆、去匆匆，因爲他們都是一月一日立定志向今年要過健康生活的人，所以興沖沖地付了昂貴的會員費參加健身房，但因爲他們立志要「下班以後每天晚上都去健身房運動」，而不是「每週三次到健身房運動兩個小時」，因爲不切實際，目標一下子訂得太高，以至於很快就破功，也很快就會因爲挫折而放棄。

這個希望訂在一月一日生效。

因爲受到「新年新希望」這句話的制約，有什麼想做的事情，沒有即知即行，覺得應該

要等到明年的一月一日再開始，才是「全新的開始」，所有想做的事情都累積到隔年元旦，突然要多花時間跟家人相處，又要花時間運動，時間上一下子忙不過來；或是開始學習理財的同時，又要戒菸，問題是因爲面對一堆卡債壓力超大，又很想抽菸，整個人因此整天身心都不舒服，自然很容易就失敗了。**沒有人有辦法一夕之間脫胎換骨、重新做人，老實說也沒有這個必要，所以打破一月一日開始執行願望的迷思，成功的機會反而會大一些，既然是接下來一年的願望，一年當中的任何一天都可以開始！**

所以如果讓自己的**希望很明確**，對自己有點**特別的意義**，確實有可行性，而且可以**隨時開始**，當然成功的機會就大很多。這是爲什麼如果今年只要完成十件事情的話，**第一件事情當然就是要學會怎麼決定這十件事情**。

所以請現在就先來試試看，按照以下四個步驟來學習立定目標：

最後剩下的，才是眞正今年值得完成的十件事。

第1步：

不要受限於「十」這個數字，而是很自由地想，接下來的一年中，如果什麼都可以的話，你想要完成的事情一共有哪些，請列出一張清單，內容越詳細越好，越明確越好，即使二十項、三十項也沒有關係。

第2步：

這些事情當中，是否有些在一年之後，有做到也可以，沒做到也沒關係的事情？如果有的話，請把那些項目劃掉。

第3步：

在剩下的清單中，請刪去那些雖然想做，但是自己心知肚明，一定做不到、或是不會去做的事。

第4步：

剩餘的清單裡，有沒有哪些事就算沒有人規定，我也非做不可，就算沒人注意到也沒關係，因為這些事情對我來說很重要？挑出這些事情來，放到最前面。

了解自己的能力，才能切合實際

我等到當面見到那位英國朋友時，誠實地說明了我覺得他年復一年、毫無新意的新年新希望的四個問題，我給他看了我清單上面的十件事之後，請他再次重新不假思索地、具體地說出他真正的願望。這一次他是這麼說的：

- 將身體鍛鍊結實一點。
- 爲了減肥，就從少吃一些甜點，多吃一些水果開始。
- 計畫安排一場全家人統統參加的度假。
- 老家拆掉重建的計畫能夠開始動工。
- 可以有機會跟自己最喜歡的同事們再次一起工作。
- 取得美國永久居留權（綠卡）。
- 到沒有去過的地方旅行。
- 處理掉一些沒用的東西，比如賣掉那些已經很久沒用過的撞球杆、把舊衣服捐出去，讓生活簡單一點。

- 能夠維持跟過去一年差不多的工作量，全年實際工作三十到三十五週。
- 曬出一身古銅色的皮膚，因爲過去這一年都沒有曬到太陽。
- 能夠成爲領導有方的經理人，成爲更多年輕新進同事正面的榜樣。
- 能夠克服羞怯，變成一個更有自信的人。

這就是四個步驟中的第一步。天馬行空地想，有哪些事情是我希望未來一年能夠做到的願望，順序是什麼都沒關係。

接著我問他第二步，這十二項中，有沒有哪些屬於無關緊要、可做也可不做的事？他仔細想一陣子以後說：「沒有。」所以這一步刪去零項。

第三步，我問他這十二件事情裡，有沒有哪些是自己知道雖然想做、該做，但是一定做不到的？他笑了笑指著第八項說：

「斷捨離說得簡單，但是那麼多年來，我每天都說要處理這些東西，結果不是懶就是捨不得，所以就算再給我一年的時間，恐怕也是一樣。」

所以我們劃掉了第八項。

最後我問：

「剩下的十一件事情，有哪些是無論如何你都非做不可的？」

他毫不猶豫地指出第三項跟第四項。

我把類似的項目放在一起，稍微整理以後，新的清單變成這樣：

- 計畫安排一場全家人統統參加的度假。
- 老家拆掉重建的計畫能夠開始動工。
- 減重，鍛鍊身體。少吃甜點，多吃水果。
- 取得美國永久居留權（綠卡）。
- 可以有機會跟自己最喜歡的同事們再次一起工作。
- 到沒有去過的地方旅行（最好是能看到螢火蟲的地方）。
- 能夠維持跟過去一年差不多的工作量，全年實際工作三十到三十五週。
- 曬出一身古銅色的皮膚，因爲過去這一年都沒有曬到太陽。
- 能夠成爲領導有方的經理人，成爲更多年輕新進同事正面的榜樣。
- 克服羞怯，變成一個更有自信的人。

看了這張新的十件事清單，我這位朋友相當開心，因為他可以看到這些目標，不只是遙不可及的願望而已，而是非常明確、有可行性的計畫。

我們討論這件事時，正好是他遞出綠卡申請表後兩個星期的事，這解釋了為什麼他會把拿到綠卡作為接下來一年的目標之一。

但是他沒有想到的是，當時為了申請綠卡，請他服務的郵輪公司，在美國西雅圖的總部寫了一封在職證明信，信中強調無論這位員工居住在美國境外或是境內，公司都有長期雇用這位員工的意願。我們談話的隔天，他就接到美國總部的直屬上司來電，表示如果他順利拿到綠卡，進出美國將會因此方便許多，所以打算為他量身訂做一個新的職位，運用他在郵輪公司將近二十年的經驗，到公司旗下在全世界各地的二十艘五星級豪華郵輪上，輪流去做指導訓練，工作時間自由，完全可以自己安排，平均在每一艘船上待個三、五天，只要每四個月跑遍一趟就可以了，預計每年工作兩百四十天，而且加薪幅度超過百分之二十。

也就是說，他的十樣願望中的第四項，竟然幫助他同時實現第五項到第十項的六個願望！

身為朋友，我當然為他的好運高興，但是我也知道這並不只是因為他運氣特別好，而是因爲**機會是給準備好的人，而他已經準備好了**。

「你幫我整理的這個願望清單眞是太神奇了！現在我只要專心去實現前三項，那今年十個願望都可以統統實現了！」認識這麼些年來，我從來沒有聽過他如此信心滿滿，我也跟著替他開心。

其實這沒有什麼神奇的，只是針對只有自己才適用的特殊狀況，經過深思熟慮以後，做出切合實際的一年計畫罷了。

因爲學會寫好一份今年要完成的十件事清單，就是一種**「了解自己的能力」，對自己有足夠的了解，透過訓練理解力，寫出接下來十二個月能夠達成，而且非做不可的十件事，當然是今年値得首先完成的第一件事**。

今年我**只要**完成十件事：攻頂的第一步

本計畫重點整理

- ☐「時間管理」指的是個人生活風格的延伸。
- ☐「效率」是去做真正想做、值得做的事。
- ☐ 一年當中的任何一天都可以開始！
- ☐ 對自己有足夠的了解，訓練理解力。

chapter 2

今年我要捨棄廢物：從**整理**行李看自己

重新思考
物品和自己的關係。

原本的生活可以全部裝進行李箱嗎？

旅行的時候，我喜歡觀察其他旅行者的行李。

因爲根本不用開口，從他們的行囊，其實就可以知道對方是一個什麼樣的人。比如說大背包外面還有防水雨罩的，跟小背包上面繡滿去過地方的國旗的，雖然表面上都是背包客，但是根本是南轅北轍的兩種人。

另外，會在義大利威尼斯看到拖著硬殼一號雙排輪大拉箱的亞洲人，跟拖著可以帶上飛機的二十二吋兩輪軟拉箱的亞洲人，這兩種在西方人眼中看起來是一樣的，其實根本不會有交集。

就算在紐約機場登機門排隊等著上飛機，同樣兩個都拉二十二吋黑色軟拉箱的乘客，用的是上面有一個巴黎鐵塔標誌的Travelpro，跟另外一個用Tumi品牌的，也絕對不會是同路人，因爲前面那個八成是航空公司職員，後面那個八成是跟科技業有關的。

我眞正想要說的是，**我們外顯的生活習慣，其實透露出比我們想像當中要多很多關於我們的訊息**。很多人誤以爲整理行李是一種技術，**但打包其實是一種「看得見的個性」**。

很多人都先照著網路上找到的旅遊達人提供的清單打包，加上自己想到的，所以品項無限延伸，無論帶什麼行李箱都不夠大。

我在背包客棧上面，看到好幾年來，許多初次旅行的背包客，會遵循著打包達人Joelle的指示，按照旅行的時間長短所給予的建議來打包，比如說Joelle的短期旅遊攜帶清單是這樣的：

沐浴乳、洗髮精、潤髮乳、浴巾、毛巾、洗澡巾身體乳液、牙刷牙膏、卸妝洗臉、綁頭髮的繩子或髮夾、束髮帶、浴帽、保養品、化妝品、鏡子、梳子、髮品、化妝棉、棉花棒、牙線、指甲刀、化妝小物例如眉夾、青春棒（注意，指甲刀與美容小剪刀都要放託運行李。）、裝藥的塑膠盒、藥包、防蚊液、吹風機、（最好帶可調整電壓的旅行用吹風機）、刮鬍刀衣物類、飾品類（項鍊、耳環、皮帶）

正式衣物、內衣褲、襪子、褲襪、帽子、圍巾、耳罩、手套、口罩、太陽眼鏡、防曬乳、旅行資料夾、筆記本、筆、通訊錄、購物袋或旅行袋、針線包、鬧鐘、雨傘或雨衣、茶包、即溶包、泡麵、零食（有戴隱形眼鏡的話）各種藥水、小包面紙、溼紙巾、衛生棉、棉條、護墊、轉換插頭、變壓器、延長線、照相機、電池、記憶卡、手機、電話卡、電腦、隨身碟。

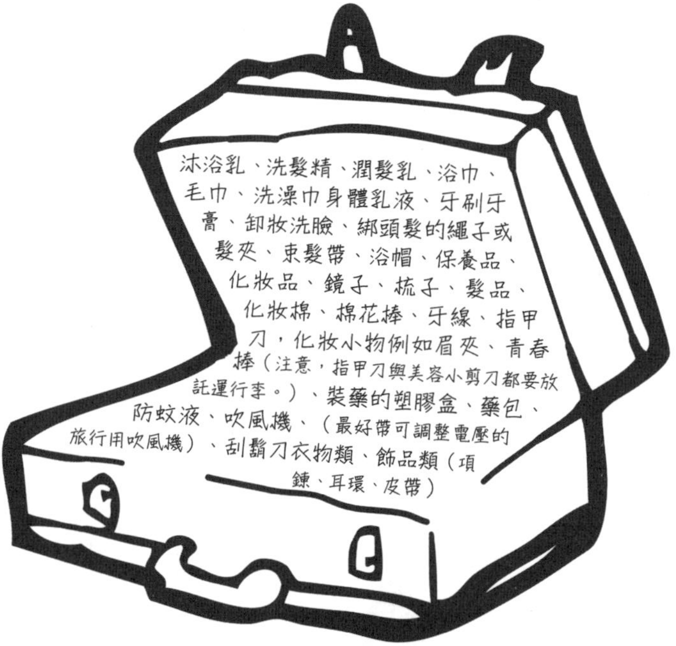

至於一個月以上，例如留遊學或是度假打工，就還要增加這些東西↓

電湯匙、鋼杯、環保碗筷、小砧板與
瑞士刀（開罐器、開瓶器）、水果刀、
夾鏈袋、透明塑膠袋、乾淨大塑膠袋、
保鮮盒、大鎖小鎖、小洗衣板、洗
衣刷、洗衣粉（用小罐子裝洗衣精
也可以）、洗衣袋、傘狀吊衣架、
吊衣繩、洗碗精（用小罐子裝）、
洗碗的菜瓜布、室內拖鞋、另外
Joelle還列出她心目中長期旅行必帶的
「意想不到的好東西」：、打薄剪刀、菜刀、
削皮刀、剪刀、文具用品、至於有些東西則
是在當地買就好的：紙盤、廚房紙巾、瓶裝水。

雖然我不認識Joelle，但是我完全可以想像這是一個來自台灣的女性粉領上班族，不，應該說在她心裡上班是副業，旅行才是正業。有戴隱形眼鏡，即使出門也要注重每天的肌膚狀態，去旅行的地方買不到日本或韓國系的化妝保養品，出國的時候最劇烈的戶外活動，應該就是坐在露天咖啡座喝咖啡。寫這份清單的時候應該是二十多歲。

這樣的清單，換成來自波士頓的著名美國外科醫生Atul Gawande，他則是堅持「一包（One Bag）」主義，他的清單是這樣的←

正式場合可以穿的夾克、二～四
件上衣、兩件褲子（包括裙子或短
褲）、三雙襪子、三組內衣褲
輕量的衛生衣、泳裝、暗色的毛
線開襟外套、雨具、外套、（或
任何可以當外套的東西）、長袖
T恤（或是沙龍）、領帶、圍巾、
披肩、髮圈、頭巾類、手套、遮
陽帽或毛線帽、1雙正式場合可以穿
的鞋子、1雙走路鞋、拖鞋、皮帶、旅
行用背包（行李吊牌？）、一日來回小背
包、輕量軟包（可以兼當洗衣袋用）

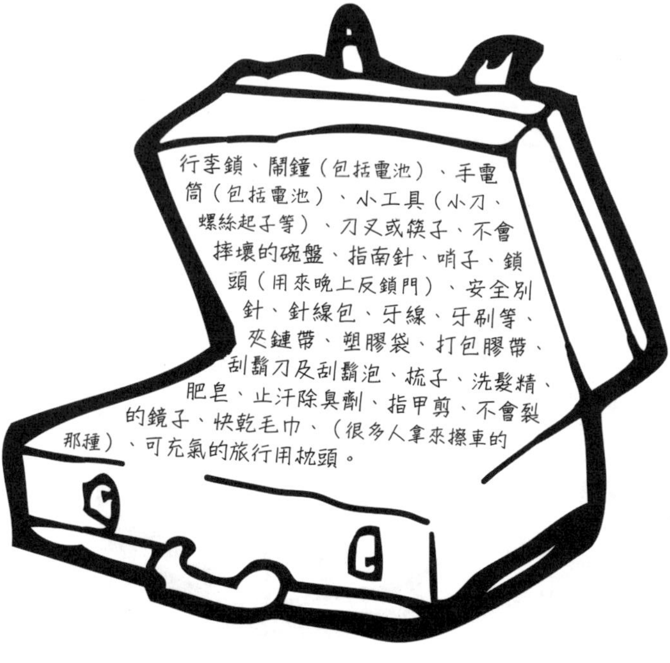
行李鎖、鬧鐘（包括電池）、手電
筒（包括電池）、小工具（小刀、
螺絲起子等）、刀叉或筷子、不會
摔壞的碗盤、指南針、哨子、鎖
頭（用來晚上反鎖門）、安全別
針、針線包、牙線、牙刷等、
夾鏈帶、塑膠袋、打包膠帶、
刮鬍刀及刮鬍泡、梳子、洗髮精、
肥皂、止汗除臭劑、指甲剪、不會裂
的鏡子、快乾毛巾、（很多人拿來擦車的
那種）、可充氣的旅行用枕頭。

耳塞或眼罩、睡袋、毛毯（或帳
篷）、全世界都可以用的洗手檯塞
子、洗衣劑、晾衣繩、可以充氣
的衣架、衛生紙、水壺、殺菌濕
溼巾、淨水劑錠、止痛藥品
止瀉藥品、感染性疾病治療藥
品、瘧疾藥品、防蚊用品（或
蚊帳）、防曬、護唇膏、鑷子
OK 繃跟其他急救用品、維他命跟個
人藥物、可以摺疊的水壺跟杯子、太
陽眼鏡跟眼鏡盒子、眼鏡、眼鏡布、備
用眼鏡、驗光書、筆、記事本、口紅膠。

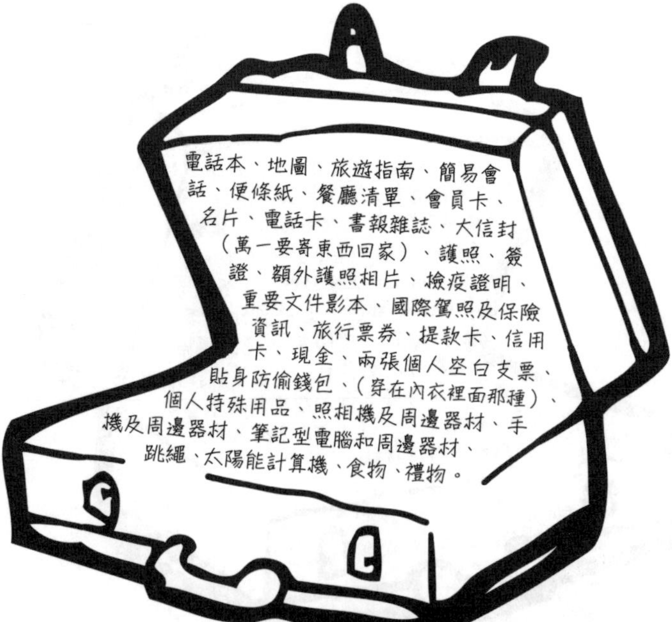
電話本、地圖、旅遊指南、簡易會
話、便條紙、餐廳清單、會員卡、
名片、電話卡、書報雜誌、大信封
（萬一要寄東西回家）、護照、簽
證、額外護照相片、檢疫證明、
重要文件影本、國際駕照及保險
資訊、旅行票券、提款卡、信用
卡、現金、兩張個人空白支票、
貼身防偷錢包、（穿在內衣裡面那種）、
個人特殊用品、照相機及周邊器材、手
機及周邊器材、筆記型電腦和周邊器材、
跳繩、太陽能計算機、食物、禮物。

感覺上這個人同一趟旅程既要穿西裝去開會，又要搭帳篷露營野外求生，難道他是〇〇七情報員嗎？而且他要去的地方是不是什麼都買不到，手機也不是智慧型的，要不然就是年紀有點大，所以很多功能都不大會用。跟典型的美國人一樣，看來這醫生不怎麼信任外國的衛生跟用品，所以都要自己帶。另外，他說的洋洋灑灑八十五項東西，一個包包裝得下才有鬼。

無論是台灣的女性粉領上班族，還是美國的男性外科醫生，兩個人雖然都是富有經驗的旅行者，但是我看到一個共同的邏輯，那就是他們都是把自己原本的生活，想辦法微縮到行李裡面，帶到世界各地去。

這樣的人，基本上對於「我」有非常強烈的固定想法，他們的口中應該時常會掛著「因爲我就是這樣的人」「那種的不適合我」這樣的意見，他們覺得出國很危險，但還好因爲有豐富的經驗跟萬全的準備，所以才都可以「快快樂樂出門、平平安安回家」。

熟悉的幸福感？別把自己黏在框框裡

有趣的是，我也總是「快快樂樂出門、平平安安回家」，但是我並沒有覺得出國很危險，也沒有帶很多東西。這樣的邏輯，也反映在我打包行李的態度上。

基本上，我的打包邏輯，順序是這樣的，我總是先問我自己一個問題：

「我可以不要託運行李嗎？」

然後，才來決定要帶什麼、帶多少。

託運行李的代價，通常應該不是價錢（因爲有些航空公司有按件、按重量收費的規定），眞正的代價是到達目的地之後等候的時間，以及遺失行李的風險（隨身行李是不可能會遺失的）。至於，不託運行李的代價，則是帶的東西不能多，而且不能有湯湯水水的液體。

於是，我十次大概有九次會決定，我不要託運行李，只要帶著隨身行李出門，無論是三天，還是三個月。

因爲除了世界上非常少數的地方之外，我不覺得有什麼東西是非帶不可的。我戴隱形眼鏡，我去的地方，當然也有很多人戴隱形眼鏡，怎麼有可能買不到？我爲什麼沒事要帶一瓶又重又廉價的生理食鹽水出門，而且可能還爲此必須託運行李？比較貴嗎？不過就是生理食鹽水，請問能貴到哪裡去？

所以，只要到哪兒都輕易買得到的東西，當然沒有帶的必要。

同樣的邏輯，我適用在一般人清單上會有的東西，難道只有我洗頭髮，當地人都不洗頭髮的嗎？請問這個世界上有什麼地方是當地買不到洗髮精的？我去過的地方，就連正在打仗的地方村落的雜貨店，洗髮精也都從來沒缺貨過，眞的要帶嗎？當地人釦子掉了難道不用縫嗎？除了極地，這世界上還有買不到泡麵、非需要自己煮熱水不可的地方嗎？當地人吃飯不用餐具嗎？當地買不到餐具，因爲當地人家家戶戶都自己生火打鐵製作自己的刀叉嗎？當地人都不會吃壞東西拉肚子，感冒都不會發燒嗎？讓當地小販掙一點生活費，而且使用看看在地的生活用品，不都是旅行的一部分嗎？洗髮精、潤髮乳、乳液、牙膏、毛巾、洗衣粉、基本藥品、食物，一律不帶。

另外，身上穿的。我的體型，沒有特殊到當地買不到的道理。帽子、拖鞋、換洗用品、內衣褲，不都是身上穿一套，行李備用一套，其他統統要用再買就好了嗎？當地賣的東西，通常會比我們從家裡帶去的更符合當地的氣候，款式也不會跟當地人格格不入，一看就覺得是觀光客（在國外讓人「看一眼就知道是台灣人」，通常不是一種恭維的說法），當地人可以穿、可以用的，沒有什麼是我不能穿、不能用的道理。當地人難道下雨不打傘？如果眞的如此的話，就你一個人打傘，難道不奇怪嗎？當地人買得起，我也沒理由買不起，如果手頭拮据到連當地的T恤都買不起，這樣的人哪有資格去旅行？

再推到更極致一點，3C產品在全球化的今天，哪裡買不到周邊產品？無論是伊朗還是敘利亞，保證任何一個市區，無論什麼品牌的手機充電器壞了要換，臨時要買隨身碟，都不會有任何困難，何必帶備用的東西以備不時之需？**當地人用的，跟我們用的，不會有那麼不同**。說得殘酷一些：無論是從台灣還是埃及來，到葉門還是芬蘭，我們都沒什麼特別的。帶些備用的大頭照雖然不費事，但是也絕對稱不上必要，難道當地人的護照都沒在貼照片的嗎？

最後，我的行李裡面，只剩下一些非帶不可、不帶就出不了門的東西，那就是：

六個月效期以上的護照、簽證。

智慧型手機（一個禮拜以上的話才帶筆電）。

錢（現金或旅行支票與信用卡）。

如果要去開會非穿西裝不可，與其另外帶，不如就整套穿在身上去搭飛機就好了。因爲行李實在太空了，怕海關起疑，剩下的空間，就隨便帶點喜歡的東西：

換洗衣物一套。

超涼的無糖口香糖（因爲台灣的超涼口香糖眞的是全世界最強）。

一支牙刷跟一條比小指頭還要小的旅行用牙膏。

最小瓶的眼藥水（長途飛行眼睛容易乾澀）。

一本想看（但是不用留）的書。

隨手可以送人的小禮物。

「那麼數位相機呢？」

不帶。手機相機就夠了。如果眞的需要，就連相機也會被我歸類在眞的要用的時候，當地再買就行了。之後可以送家人、也可以網拍，總之別留著。

「你不是說強調環保嗎？那水壺呢？」

別囉唆，不帶。喝完的瓶子留下來重複使用就很環保了。眞的要保溫杯的時候，世界上也沒有輕易買不到保溫杯的地方吧？到時候買個有當地特色的杯子，天天使用，旅行結束以後就是一個有感情、有溫度，充滿回憶的紀念品。

「可是我們女生要帶的東西本來就比較麻煩……」

對啦！最好是妳要去的地方當地都沒有女生，她們都不用化妝、保養、清潔。

什麼東西都帶在身上的人，以為是「一種被熟悉感包圍的幸福」，其實只是第一天上學，緊抓著媽媽衣角不願放手的小屁孩罷了。

為什麼有些人的人生會弄到無法整理的地步，恐怕是那種自以為被熟悉感包圍的幸福，根本就是黏死人的蜘蛛網，甚至久了以後根本就化成一個繭，新的事物進不來，自己也卡住

{打包行動改變了我}

換洗衣物一套。
超涼的無糖口香糖（因為台灣的超
涼口香糖真的是全世界最強）。
一支牙刷跟一條比小指頭還要小
的旅行用牙膏。
最小瓶的眼藥水（長途飛行眼睛
容易乾澀）。
一本想看（但是不用留）的書。
隨手可以送人的小禮物。

了出不去的結果。

輕裝上路，不該是只用在旅行上而已。

學著對自己說，夠了！

為什麼會捨不得丟？

很多人旅行常怕帶不夠，就像很多人的家永遠嫌不夠大一樣，所以很多台灣人的客廳像廁所一樣小，因此醉心於北歐設計的極簡主義風格，但花了大錢依樣畫葫蘆，用了大量的白色跟金屬元素裝潢完以後，並沒有同樣的清爽效果，還是覺得很「阿雜」。追根究柢，並不是北歐人家的客廳坪數比較大，而是因爲台灣人的客廳太多東西了。

我最近跟一位品味相當不錯的老朋友見面，他說最近看了一部台灣的紀錄片，結果一直沒有辦法專心看內容，因爲他忍不住目光鎖定在那幾個紀錄片主角的人家，這幾個紀錄片的人物都是台灣中下階層的窮人，才發現原來很多台灣窮人家裡好像有兩個共同的特性：

貧窮家庭的女主人，通常都過胖。

窮人家都像倉庫，堆了很多東西。

美國的窮人過胖的比例，也比中產階級高，但是主因是他們會選擇吃廉價、高熱量的食物，所以男女都胖。台灣的窮人階級，發現女人胖的比男人多，我覺得有一個重要的原因，就是**因為覺得自己窮，所以「這個捨不得丟」「那個也捨不得丟」**，屋子裡漸漸地就演化成垃圾回收場，開始有很多壞掉的電器、瓶瓶罐罐，還有很多連當事人都已經忘了裝什麼的大大小小紙箱子。**總是想著「好可惜喔！」「這個還能用嗎？」「真的不能用了嗎？」而不是問「這個物品適合我嗎？」就會漸漸以「物品」作為主體，而不是「自己」，久而久之就變成物質的奴隸。**

所以家中的女主人一輩子把自己當作食物處理器，什麼都吃，把食物都吃光光，卻沒有挑適合自己身體狀況的食物吃，到中老年後過胖的比例就高了，心血管方面的疾病也多，因爲生病需要高昂的醫藥費，所以就陷入更大的愁雲慘霧中。

「要不是因爲你，我家現在可能就是這樣。」他充滿感嘆地說，「而且你看到的我，可能比現在還要超重二十公斤。」

「咦？跟我有什麼關係？」我丈二金剛摸不著頭腦。

他說起一件很多年前的往事，有一次我要出國前，跟他約在我下榻的飯店樓下喝咖啡，碰面之後即將前往機場，朋友問我：

☒ 這個捨不得丟

☒ 那個也捨不得丟

☒ 好可惜喔

☒ 這個還能用啊

☒ 真的不能用了嗎

☒ 自以為的熟悉幸福感作祟

「咦？可是你的行李呢？」

我指著手邊的小背包說：「夠了，就一袋。」

這件小事我早就已經忘了，但是我這朋友說他這麼多年來，牢牢記得的我，眞正認識我，就是那一幕，回家以後，他也因此開始改變自己的習慣。到現在，他的家可以說是除了我自己的家外，在台灣看過最空曠的客廳。

我的客廳，是根本沒有傢俱的，沒有桌椅，當然也沒有電視。記得有一次，出家的僧侶朋友到我家來作客，他進門以後環顧四周，忍不住說：

「你比我們還像出家人！」

我覺得，那眞是我這輩子聽過最大的恭維了。

打包行動改變了我

老實說，我並不是一直都這樣的。

剛開始旅行的我，像許多旅人一樣，熱中於收集各種珍奇的紀念品，因爲許多地方，我知道自己這輩子可能再也不會有機會來第二次，所以我想要留下一些什麼作爲永恆的紀念。

我還很清楚地記得，我突然開始停止收集，也不再買旅行紀念品是從什麼時候開始的。有一次打包完，準備要出門旅行的晚上，我站起來環顧著客廳琳琅滿目的物件，突然意識到：

「我真正需要的東西，都已經在行李裡面了。但是這間滿滿的屋子裡，看起來東西一點都沒有減少。這麼多的東西，顯然都是我不用帶的東西，既然都是不用帶的東西，我根本就不需要啊！」

在那一刻，並非心靈改變了我的行動，而是透過我打包、整理的行動，為心靈帶來了變化，換句話說，是行動讓我的心靈跟上腳步，難怪日本的佛學家說斷捨離就是「動禪」。

那次旅行回來之後，我就開始努力去學習「整理」的工夫。

真正好的東西，一個就夠了

在我心目中，有個完美的衣櫥的意象，就是衣櫃打開來以後，看到的就像在電影場景當中看到的〇〇七特派員那樣，掛著五套清一色的黑色西裝，多麼清爽，多麼帥氣！

但是現實生活當中，我衣櫃裡面的西裝，有冬天穿的（除了厚毛料的西裝之外，還有好幾件各式各樣的長大衣、駝色的毛氈風衣、英倫風的雪雨衣），夏天我則是偏好Seersuckers

的淺藍色系直條紋，是夏天專屬的（就有五、六件之多），還有粉色系是春天穿的，還有秋天穿的。除了這些正式的西裝外，還有牛仔的，也有沒有釦子的，運動服衣料的……老實說，我的衣服多到什麼程度呢？如果我每天有意識地換穿一件不同的衣服，一整年下來肯定不會有兩天穿重複的外衣。

雖然理智上明白斷捨離的概念，但是當我的指尖滑過一件又一件的西裝時，我仍然無法下定決心要丟棄哪些，因爲某一件「說不定哪一天」會有特別適合的場合，而哪一件又有特別的回憶。

我的行動，顯然還跟不上我的心靈。

爲了要強迫自己的心靈跟上，於是，我做了一個奇妙的決定，一個行動——訂製一套新的西裝外套。

這樣聽起來很奇怪吧？**不是丟東西都來不及了嗎？怎麼又會去買了新東西？**

但是這一次，我不是買一般的西裝外套。我在生日的那一天，走進在波士頓精品地段的亞曼尼店裡，到了迴旋樓梯的頂樓，讓事先約好的義大利裁縫，爲我量身訂做一套高級亞曼尼西裝，這中間經過了三個月的時間，三次試穿調整。

這套西裝的代價當然不菲，但是非常值得。

西裝成衣無論是什麼名牌，什麼高級的質料，因爲畢竟是成衣，所以多多少少總有一些缺點，像是袖子短了那麼一點點，花色拼布有那麼一點點不對，因爲總是有一點什麼，我發現這是爲什麼我會不斷去買下一套西裝的原因，就是因爲這些缺點，帶來渴望跟不滿足，我心裡其實一直希望我的下一套西裝，能夠再更好一點。

但是結果是，下一套西裝，雖然沒有了前一套的問題，但是總會有另外新的問題，像是腰身太寬，或是下襬有些過長。

但是自從擁有一套「每一個細節都適合我」的亞曼尼西裝開始，我無法再忍受回頭去穿架上那些「總是有什麼細節不適合我」的西裝，突然之間，我對於**去除那些我不想要去穿的西裝，再也沒有先前的障礙了**。

原因很簡單，我以前之所以會一直買西裝，是因爲我之前的西裝都不夠好，**一旦我品嘗到真正的「適合」之後，就再也不會想買了**。

從此以後，如果我需要新的西裝，我就會等到當年生日的那一個星期，去亞曼尼量身訂做一套新的西裝，因爲很適合我，我也很喜歡，所以無論到哪兒我總是穿著那一套，一點都不會覺得自己老是穿著重複的同一套衣服。

我衣櫃裡的西裝不知不覺，變得越來越少。跟身邊還是總在買新西裝的朋友比起來，我的置裝費，其實比他們都要低。

原來有時候捨不得丟，真正的原因是我們並不確知手上有的東西，其實不夠好。而真正好的東西，只要一個就足夠了。這個對於衣服的想法，逐漸影響我，變成了我對其他事物的價值觀。

不論收納整理，都是面對自己

我完全可以理解爲什麼日本作家山下英子提出來的「斷捨離」概念，會變成一本暢銷書的元素，因爲經由「整理」這件事，的確可以幫助一個人從整理「看得見的世界」，比如說整理一個房間、一張辦公桌，斷絕不需要的東西，捨去多餘的廢物，最後脫離對物品的執著，進而運用同樣的態度，走向整理「看不見的世界」，也就是我們自己的內心。

把日常生活的收納，當作是對於心性的修養。收拾一個家如此，**整理一個旅行的行李**，也是如此，**重新思考「物品和自己的關係」**，因爲當我們面對物品時，面對的其實是自己，所以**整理房間就是整理自己，整理行李也是整理自己**。

改變習慣之所以重要，是因為只要改變習慣，就會改變人生。

今年
我要捨棄廢物：
從**整理**
行李看自己

本計畫重點整理

- ☐ 想想為什麼會捨不得丟掉？
- ☐ 真正好的東西，只要一個就夠。
- ☐ 改變習慣，就會改變人生。
- ☐ 熟悉的幸福感也許只是一種假象。

chapter 3

今年我不要當任何人的仿冒品

每個人都有機會
當自己的「正品」，
成為自己的「名牌」。

為什麼想要換掉原來的長相？

不久前，我收到一個醫美中心寄來的邀請，內容是這樣的：

「您好：我是剛剛與您通話的公關公司○○，我們這次合作的客户××整形外科診所是一群權威整形外科醫師所集合的專業整形外科診所，無論在設備上與醫師資格上都具備完善的品質與嚴格的認證把關。若您需要更詳細的資訊可參考診所網址：（略）。

本次××診所希望針對各領域的名人洽談合作意願，在褚士瑩先生勇於挑戰並積極進取的形象考量下，希望與您洽談合作事宜，這次的合作內容主要是針對整形項目提供免費的諮詢與手術。項目包含——

鼻部手術：隆鼻、鼻雕

眼部手術：雙眼皮、開眼頭、除淚溝或眼袋

抽脂手術：身體抽脂

抗老手術：臉部拉皮、埋線拉皮等

顱顏手術：削骨、墊下巴等

乳房手術：隆乳手術、自體脂肪移植
微整手術：玻尿酸、微晶瓷、肉毒桿菌
光療雷射：淨膚雷射、柔膚雷射等
爲了讓褚士瑩先生在出席活動與拍攝照片時的形象更完美，請參考上述各項目。
無論是腹部抽脂，打造精壯的六塊肌，或是僅想針對臉部線條進行微整注射都沒問題，若希望一次進行多項療程也可在與醫師溝通後決定施行時間。
但需要參與藝人願意提供術前、術後的照片與體驗心得予診所，刊載於網路上供民眾瀏覽。若這部分會有相關證言費用產生，也請提出報價給客户參考，謝謝您。其他疑問也可利用下面的簽名檔資訊與我聯繫，謝謝您。」
我跟我的姊姊一起看完之後，兩個人都忍不住捧腹笑了起來。
「原來在公關公司的眼裡，我需要改造的地方還眞多啊！」
「是啊！」我姊姊指著最後一段，「你還是『藝人』咧！」
「其實……我是薏仁啦！」我趕緊聲明。
笑完之後，我忍不住想，其實美國的眞人實境電視節目，不就有很多人，不惜在鏡頭前面醜態畢露、競爭得你死我活，甚至讓觀眾公開票選，就是爲了要換得一次免費的整形手術機會嗎？

不要害怕人生有點傷口

手術前、手術後的照片，在每個人都是媒體網路的時代，應該也不算什麼丟臉的事情吧？能夠有整形外科診所覺得我這麼需要，願意免費提供量身訂做的六塊肌、十二塊肌；不需要節食、運動，鮪魚線可以瞬間變人魚線，眞是天上掉下來的好運啊！

老實說，我一點都沒有反對整形的意思。如果一個人因爲先天的外表缺陷，從小在學校被同學霸凌，出社會找不到好工作，連在路上走路也會被指指點點，在本人的主動意思下，想要透過整形，讓自己不再因爲錯誤的原因成爲品頭論足的目光焦點，想要「跟大家一樣」，這樣的動機我是舉雙手贊成的。

說不定，有一天我的髮線會開始退後，變成禿頭，讓我自己很介意，就算沒有人用奇怪的眼光看我，自己也會因爲疑神疑鬼，無法坦然面對自己而心神渙散，沒辦法專心跟人談話，過一般的生活，那我也不排除會去植髮的可能性。

可是，如果成爲禿子的這天到來，我自己並沒有什麼特別不愉快的感受，那我應該就不會自找麻煩，大不了把頭髮理光，決定開始過著光頭造型的型男人生，應該也不錯。但是，這件事情既然沒有發生，因此現在的我還無法預知到時候自己的反應會是如何。

總之，人工整形沒有什麼對錯，只是，那不是平凡的我，只是爲了變美、變瘦而想做的事。否則，當我十多年前在美國新澤西州的動物收容中心被秋田犬攻擊，右臉縫了一百多針的時候，大可以趁機申請理賠，除了「磨皮」之外還要好好整形一番，但是幾番思量之後，我做出讓傷口自然癒合，留下不可磨滅的疤痕，完全沒有做任何處理的決定。

這個決定，即使連父母都很反對，認爲我「破相」卻沒有盡力去修復，在他們眼中是不可思議的事，無奈因爲我人遠在美國，他們無法把我迷昏後押解到醫院去做整形手術，否則我相信他們是有可能會這麼做的吧。

我還記得很清楚，我跟事發時同行的堂姊討論這件事：

「從小到大，父母總是小心翼翼，保護我不要受傷，即使受了傷也不要留下傷口，長大以後，我也總是小心翼翼，害怕受傷，認爲留下傷疤是一件嚴重的事情。但是**有一點疤的人生，應該也無所謂吧？」**記得當時我是這麼說的，「這個傷口留下來的話，就算是某種免疫了吧？否則一輩子我都會花許多的時間在避免受傷這件事上，也不敢放膽去做一些可能受傷、但是值得做的事情。」

就算我做到了毫髮無傷，一直到了八十歲，成爲一個全身上下都沒有什麼傷口的老人，那又怎樣？突然有一天，我說不定病倒了，毫無選擇地必須要氣切，要從喉嚨開個洞插管，要在手臂上留置針管吊點滴，才能延長生命。到了那一天，難道不會覺得在這之前幾十年的時間，日夜小心翼翼，爲了怕留下傷疤以至於什麼事都沒有做，有點可惜嗎？

這樣想清楚之後，我拒絕了肇事的動物收容中心的條件，沒有接受他們提供整形的醫藥費用。老實說，對於這個決定，我從來沒有後悔過。

面對這個不完美，接受這個不完美

因爲臉部受傷的經驗，讓我很客觀地體悟到一件事，受傷之前，我的臉上沒有這一百多針的傷疤，沒有讓我因此變得帥到流汁；傷口癒合之後，也沒有因爲明顯的破相，讓我從此走向霉運，或是開會時讓對方分心。

簡單來說，就是「一點關係都沒有」。

知道了自己的臉，有沒有縫過一百多針的傷口，其實沒有什麼區別，當然也有一點感傷，知道了原來自己從來就不是什麼帥哥，所以受了傷也不會變得難看，甚至還有男同事用羨慕的口吻說：「眞是有個性啊！」

但是重點是，我從讓許多人在年輕的時候執著不已的「容貌」這件事情上，**徹底地解脫**了。

當然，我**並不是從此自暴自棄**，把自己弄得像布袋戲中的人物祕雕似的，改出奇招大走醜男路線，也沒有試著留個個性長髮來遮蓋住臉龐，而是很普通、很自然地帶著傷疤，相安無事地繼續生活下去。

至於多餘的精力，讓我因此**可以去做很多更重要**、**更想做的事情**。這是爲什麼當我在報紙上看到雙腿截肢的殘障登山家Mark Inglis（馬克・英格利斯）成功攀登喜馬拉雅山後，回顧那段旅程，他打趣地說：

「我覺得自己比其他攻頂的山友幸運，因爲萬一我的腿斷了，自己弄一弄當場就可以修好，可是他們的可就不行了。」

實際上，他在二〇〇六年成立Limbs 4 All慈善基金會，就是以協助全球各地的肢障者都能夠有獨立生活的能力爲宗旨。另外，當記者問他在攻頂過程中，有幾隻手指因爲凍傷，如果不放棄攻頂，下山就醫的話，就要面臨截肢的命運，當時他是怎麼決定冒險繼續向前的？

我印象很深的是他回答說：

「我當時想了想，膝蓋以下雙腿完全截肢，我都可以接受了，只是失去幾根手指頭算什麼？於是我就繼續往前走了。」

是啊！就是這種心情啊！我聽到他在訪問中這麼說的時候，覺得自己完全可以理解那種心情。**知道自己不完美的地方，面對這個不完美，接受這個不完美，有時候反而能夠幫助我們從戰戰兢兢、畏畏縮縮的人生當中解放出來**。這個免費的整形手術，可以的話，我看還是轉送給眞正需要的人吧！我認識因爲挺身參與抗議遊行，被緬甸軍方投擲磷彈，遭到化學燒燙傷而毀容的受害者，不知道這間「由一群權威整形外科醫師所集合的專業整形外科診所」願不願意將我的這一份，送給眞正需要整形才能過正常生活的好人呢？如果哪一天，我想要埋線拉皮的話，自己存錢默默去做就好了，但是最好到時候能夠刷信用卡，這樣還可以集一些點數，換個實用的旅行用蒸氣電熨斗之類的。

不要只為自己的外表打負面分數

老實說，誰不想變好看？

別誤會，我從來沒有想到讓自己變得更醜。放棄自己儀容，竟日披頭散髮、脂粉不施，連頭髮都沒有每天稍微整理的人，無論男女，我都不覺得那是沒關係的事，因爲**連自己都不尊重、不愛的人，是很難得到別人的尊重和愛的**。

老實說，無論男女，無論老幼，誰不想讓別人認爲是個好看的人呢？這幾年我每次回到台北，週末晚上走在東區的路上，不禁有這樣的疑惑：當每個女生都貼假睫毛，都戴瞳孔放大片，對於美的標準變成只有一種（就是媒體上一窩蜂流行的那種），然後呢？

如果眼睛一定要大，要有深深的雙眼皮，才是好看的標準，我大概早就被打進萬劫不復的醜八怪地獄了吧？

「我想跟名模林志玲姊姊看齊。」我時常在網路上看到類似這樣的宣言。

有志向當然是好事，但是明明就比林志玲矮三十公分，無論怎麼樣也不會變成林志玲，這不是莫名其妙的願望嗎？這樣的人，在我眼中**不叫做「愛美的人」，叫做「根本不了解自己的笨蛋」**。

我並不否認，一個人的長相會影響對自己的看法，也會影響別人對待你的方式。只是到底有多重要？我看過一個針對美國年輕女性做的調查，發現「怕胖」在嚴重度上，排在比「核子戰爭」「癌症」甚至「父母去世」的選項都還要前面！

人很容易走極端，過分擔心自己的外表。

試問自己，如果可以的話，**你最希望改變自己外貌的什麼？是身高還是體型？是膚色還是體重？是頭髮的式樣還是講話的聲音**？在你急著回答之前，先想想有沒有可能別人看你，並沒有像你那樣負面地看你自己？有沒有可能是你過度在意了？

雜誌裡的模特兒總是讓人對自己感到灰心，這點我們都已經知道了。**但要是你真的無法喜歡自己的外表，該怎麼辦？首先，我會建議從大處著手，而不是執著在小地方**，因為一個人「好不好看」，其實在整體給人的感受，一個怎麼看都不好看的人，如果都只單看五官的一個部分，說不定都是美的，但是所有美的元素統統堆在一起，並不能保證美麗。**只有整體上讓人覺得看起來愉悅的人，人們才會覺得他好看，即使仔細分析起來，說不上到底哪裡有什麼過人之處**。

只改變外貌，人生就會變得幸福嗎？

成長的過程中，我是個手腳特別長，溜肩，體型文弱的單眼皮少年。

我知道自己手過長，因為每次買店面標準尺碼襯衫的時候，袖子的部分總是短了一截，如果袖子剛好，身體的部分就寬得可以容納兩個我。

我知道自己溜肩，因爲每天上下學的時候，書包總是會不由自主地從肩膀上滑下來。制服襯衫可以訂製，這樣就可以解決我的手太長的問題。外套可以加墊肩，書包可以斜揹，這都可以掩飾我削瘦單薄的肩膀。

唯一不能解決的，是我可笑的單眼皮。至少在學生時代，我曾一度覺得那是「需要解決」的大問題。

爲了想讓自己變好看一些，我認眞考慮，是不是應該選擇打工存錢去割雙眼皮，但是我怕疼，又怕手術失敗，更怕偷偷瞞著父母去割雙眼皮，回家會被吊起來毒打一頓，因爲老人家相信在臉上動刀，就是屬於讓人生走下坡運的「破相」。我也曾經嘗試過戴寬邊的眼鏡，配合暗色的鏡片，來擋住眼睛，希望別人不要注意到我的單眼皮。

現在想起來可笑，但當時可眞一點都笑不出來，覺得那是嚴重得不得了的大問題，好像整個人生的幸福都左右在我是不是能夠有雙眼皮似的。

後來，我終究沒偷偷去動手術割雙眼皮，因爲我意識到就算有了雙眼皮，我的手仍然太長，我的肩膀依然削瘦。

我並不喜歡這樣的自己，如果要細數我全身上下不滿意的地方，那可多了，豈止單眼皮、長手長腳、溜肩這三項而已。

我不喜歡自己的外表，如果到處都是問題，那究竟該怎麼辦呢？

【問自己】

我最希望改變自己外貌的是什麼？

身高還是體重？

膚色還是臉蛋？

雙眼皮還是單眼皮？

重新找到自己的關鍵特色

我開始花了一些時間，在街上、在電視上、在流行雜誌上，尋找是不是有和我的體型差不多的人，可以作為我的榜樣。

看了許多之後，漸漸可以按照跟我有著類似體型的人，勾勒出一個以我的先天條件來說，不怎麼勉強就可以達到、也可以維持的理想外型。

光是穿衣服、戴眼鏡來修飾、遮掩，我覺得是不夠的。我選擇從改變姿態，不駝背讓自己看來比實際高大開始。

走路的時候，我的肩膀開始刻意稍稍往上提、往前收，而不是往後、往下垂放，肩膀看起來因此比實際上寬大一些，手臂自然也就不顯得那麼長了，加上我注意走路時手臂也出一點力，兩條胳膊因此不再像一條長圍巾那樣在身體側面晃來晃去。

走路的時候，我左右兩腿之間的距離，也比原本的習慣寬一些，刻意輕微的外八字，增加一些男子氣概，轉變我原本有些拘謹、扭捏的步伐。

然後養成每天游泳，運動的習慣，增加的肌肉不知不覺慢慢填滿那個單薄少年的身體。

坐下來的時候，我總是努力打直脊背，挺出胸膛，所以我比一般人短的上身，不會因爲一屁股坐下而突然消失在對方的視線當中。

我個性上一直是個樂觀、詼諧的人，所以我只是**努力讓自己的外型，開始忠實地反映自己內在那個陽光男孩的形象**。

在這樣做不久之後，我開始得到各式各樣的讚美，包括即使到現在還是常聽到的「看了就覺得是個很陽光的人」這樣的形容。仔細想想，這種好像很具體的讚美，其實等於是什麼都沒說一樣，因爲讓人覺得開朗、陽光這件事情，就已經跟臉上五官擺放的位置，沒有什麼關係了，但是讓人覺得陽光的人，應該是個看了就讓人覺得舒服，就算說不上好看，卻也不至於討厭的那種吧！至於單眼皮，不知不覺已經完全消失在我的憂慮範圍之內了。

仿冒品永遠無法成為名牌

在這改變的過程當中，我改變最大的不是自己的身體，而是改變看自己的方式。接納自己，知道如何喜歡自己，才是變好看的第一步。一個根本不喜歡自己的人，無論拿著偶像的照片作爲範本，做多少次整形手術，穿同樣的衣服，化同樣的妝，也不會變得比較喜歡自己。

相反的，當自己打扮得越「酷似」精心模仿的俊男美女時，心裡應該會越失落吧！因爲就像買「酷似」正品的A貨包包，越像心裡越虛，因爲總害怕被人看穿自己用的是個贗品，就算全世界都看不出來是假的，自己也很清楚自己是個冒牌貨。

這是我完全不能明白的：**明明每個人都有機會當自己的「正品」，成為自己的「名牌」，為什麼還要千方百計去當「仿冒品」**？

我度假常去的一處泰國海邊，很容易看到一種會擬態的跳蛛。明明是蜘蛛，可是有些完全看起來就像螞蟻。甚至還有一種，前腿甚至已螯狀，不仔細看會讓人以爲是有毒的蠍子。

會擬態的生物，通常是因爲生存環境的險惡，不得不透過高明的僞裝來保護自己，但是人呢？人類的社會，基本上沒有那麼險惡吧？對於許多人認爲的社會陰暗，我時常覺得是想像的成分居多，就像網路上不時轉寄的高明騙術，手機未接來電回撥電話會如何如何，路上看到交通事故挺身相助會如何如何，招攬路人的問卷調查又如何如何，基本上劇情都跟日韓鬼片同樣驚悚，眞實度也跟鬼片同樣低。我看到未接來電都會毫不猶豫地回電，遇到交通事故一定會上前去幫忙，學生要做問卷一定會答應。

讓人覺得打扮起來好看，必須是因為像自己，適合自己，而不是因為像某個歌星，或是

某個藝人，否則只好準備一輩子活在「我是冒牌貨」的心理陰影當中吧。

這是為什麼我佩服我編輯界的老朋友Elaine出版的一本韓文翻譯書，可以說是書市上讓人跌破眼鏡的黑馬，翻譯成中文在台灣上市以後意外熱賣，書名叫做《我想把妝化好》。化妝書市面上何其多，但是這本書的巧妙之處，根據這位編輯朋友告訴我，這本書本來在版權公司推來推去，遭到好幾家大出版社拒絕，原因是教人化妝的這位韓國作者長相實在太平凡了，一點都不賞心悅目，出版社擔心這種人教化妝術，沒有人會想買。但是我的編輯朋友持著相反的看法：

「……正因為作者是很普通的人，甚至有點醜，所以特別眞實，吸引了很多經過許多失敗的模仿後，終於知道自己無論怎麼化妝，都不會看起來像名模的人，因為名模就算素顏都美，本來就美的人，怎麼化妝、怎麼穿衣服都好看，這種人有什麼好學的？」

因為好奇，在網路書店訂了一本來看（因為要我這樣一個歐吉桑走進書店，拿著一本粉紅色封面，叫做《我想把妝化好》的書去櫃檯結帳，實在做不出來啊），編輯沒有騙我，作者長相滿普通的！但是她不怕醜態讓人看到，書裡面的照片從素顏開始，演示每一步的化妝分解動作，一直到化完妝，變成一個賞心悅目（但是不豔麗，是讓人看了覺得很舒服的那種）的女生為止，我好像也慢慢可以理解我的編輯朋友告訴我的話。

{好看，必須是像自己，適合自己。}

溜肩

養成每天游泳，
運動的習慣，
努力打直脊背，
抬頭挺胸，
當個陽光男孩。

手太長

走路的時候，
肩膀刻意往上提，
往前收。

三個步驟讓自己成為有魅力的人

後來我才知道，在法語中有一個詞叫做belle laide，如果要翻譯的話，可以說是「別具魅力的女性」，男性的話則稱爲beau laid，就是「別具魅力的男性」。這樣的男女，先天並不美，但透過後天養成，雕塑身材、改善姿態、穿著凸顯個人優點的顏色和剪裁、合適的髮型和衣服，善於打扮，風格不俗。如果可以選擇的話，我願意選擇魅力更勝於美貌，因爲美貌的保鮮期很短暫，而且一旦過期了就再也回不去了，可是魅力不同，**人可以一輩子都有魅力，因為美貌是天生的，而魅力本來就是後天學習而來的**。

相較身高、體型、膚色、體重、頭髮、聲音，這六個受到先天限制很大的美麗條件，要訓練自己成爲有魅力的人，需要具備的先天基本要求就簡單得多，基本上只有三個：

常貌（conventionality）：簡單來說，就是傳統一般都可以接受的平常外貌，胖如楊貴妃或是瘦如伸展台模特兒，就是具有爭議性的外貌，可能有人極度喜愛，也有人極度厭惡。

對稱：大多數健康的人只要注意自己的生活習慣，比如不單用一肩揹重物造成左右肩不對稱，不固定同一側睡造成臉部不對稱，都可以達到對稱。

膚色均勻：大多數健康的人都可以達到膚色均勻。至於是白皙的皮膚或是大量吸收戶外陽光的褐色皮膚，只要膚色均勻的話，膚色的深淺意外地並不像美白化妝品告訴消費者的那麼重要。

也就是說，只要長相平凡、對稱、膚色均勻的人，都可以透過一些後天的努力，將自己改造成一個別具魅力的人。一年時間夠不夠？絕對綽綽有餘。

改造計畫建議①↓體會運動的快樂

我從學生時代，就對於運動員有一種說不出的羨慕。

回想起來，應該是在國中的時候。當時學校還有分所謂的「升學班」跟「放牛班」，我理所當然地被編在純男生班的升學班裡，從早自習小考一直到晚上補習，一天要花十四個小時釘坐在書桌前面，對於青春期的男生來說，簡直是精神跟肉體的雙重折磨。

中午當值日生下樓抬便當的時候，總會經過樓梯旁邊的一間教室。那是一間永遠空空如也的教室，因爲我們擁擠不堪的教室裡有五十幾張課桌椅，但是那間教室頂多只有十來張，而且總是歪歪斜斜，好像從來沒有使用過沾滿了灰塵，只是臨時幾張課桌椅放在那邊當作儲藏室而已。

那間是所謂的「放牛班」，正式對外稱爲「橄欖球隊班」。當我們穿著千篇一律的制服時，屬於這間永遠空著的教室裡的學生，卻總是穿著短褲跟鮮豔的寬橫條球衣在操場上，無論晴天還是下雨（尤其是下雨），衝撞著、吆喝著，彷彿社會上所有一切的規範，都被他們衝倒了；所有父母師長的期望，都被他們大聲吶喊嚇跑了。當老師發考卷，因爲我們成績不理想而大發雷霆恐嚇著說：

「你們再這樣下去，就跟他們放牛班的一起下去踢球好了！」

這時，我心裡都隱隱約約覺得這大概也是個不錯的主意。

因爲那是我成長相當黑暗的時期，所以當時班上同學的名字我已經幾乎都不記得了。但是我很清楚那年放完暑假開學的時候，我們班上學期的最後一名，一個每天被藤條打得死去活來、過著痛苦不堪學生生活的胖子，叫做阿宏，他眞的被編到樓下的橄欖球隊班了。

在這之前，我從來沒有認識橄欖球隊班的任何學生，但那個學期開始，每次經過操場，我都會抬手跟他打招呼。一開始，我很同情他，爲他感到難過，覺得他被「流放」，一定很痛苦，那種羞恥一定比藤條的傷痕還要灼熱。但是過了幾個月，我發現一件奇妙的事情，原本每天愁眉苦臉的胖子，變得很快樂，圓圓滾滾的胖肚子，不知不覺被快速抽長的個子拉平了，唯一沒有變的，是本來就已經很粗了的大腿，還有很黑的皮膚，一天比一天還粗，一天比一天更黑。

原本我們同班的時候，他都因爲自己每科成績很差，不敢跟我這種所謂的「好學生」當朋友，連招呼都不太打，小小的眼睛，視線總是望著地面。但是一個學期過後，我們在走廊相遇的時候，他總是抱著一顆橄欖球，成了先跟我打招呼的那個人，而且細細長長的眼睛，也微笑著直視前方。

當老師繼續在教室裡，一面大發雷霆，一面罵著我們差勁的成績，用恫嚇的口氣說：

「你們再這樣下去的話，下學期就乾脆跟那個誰誰誰一起到操場去，整天在爛泥巴裡面打滾好了！」

老師也已經忘記那個壞學生的名字了。

這樣的說法，每多聽到一次，我就對於台上那個禿頭的理化老師多一分反感，我很想翻桌子站起來說：

「他明明就過得比我們都快樂啊！」

但是我當然什麼都沒有說、不敢說，可是心裡覺得背叛了那個同學，沒有幫他說出實話，自己覺得很沒用。

運動習慣無法仿冒

就這樣，我考上了還不錯的高中，諷刺的是，到了高中二年級，換成我被編進了「放牛班」，記得當時好像所有前一屆的留級生，還有當屆每班的最後兩名，被編進這一班，確實的標準現在已經不記得了，但我記得的是，從此我變成那個上不上課都可以，沒有什麼人在乎的學生。

因爲時間突然變多了，所以我開始無論上課時間或是放學以後，多出很多可以自由運用的時間，當時我開始嘗試寫長篇小說，總是在上課時間坐在教室最後面靠窗戶的地方伏案寫著，寫累了的時候，就去操場跑跑步（雖然明明就是上課中），或是去槓鈴鐵片都已經生鏽的健身房練舉重，要不就是趁沒有班級上課的時候，溜進空無一人的奧運標準室外泳池去游泳。

那一年，我發現我也長高了（差不多就是現在的高度），也變快樂了（差不多就是現在快樂的程度），但是別人看我，一定就好像我同情當年那個被「打」進橄欖球隊班的同學一樣吧？

這是我養成運動習慣的開始。

沒有別的原因，只是因爲**我喜歡這樣健健康康、快快樂樂的自己**。

從此就維持了無論在天涯海角，每天總要至少花個半小時、一小時運動的習慣，如果時間多一點的話，三個小時、五個小時也不嫌太長，只要能夠待在有新鮮空氣的室外，通常我不會選擇進到室內。

我自從在曼谷的辦公室工作後，休假時常會搭三個半小時的巴士再換快艇到島嶼去，一整天就會從一種運動換到另外一種運動。早上可以從在沙灘打巴西的frescobol板球開始，換到騎自行車，然後去叢林攀爬健走，再到水裡去划獨木舟，汗流浹背的時候就把小船推到岸邊，開始游泳，然後一天以沿著海岸線跑步結束。對我來說可以「一直玩」，似乎彌補了少年時代，被關在教室裡無止境的塡鴨跟考試所失去的美好時光。

這樣的生活，一直延續到大學時代，以及社會人的生活，都沒有因爲時空、年紀跟生活狀態而改變，如果新認識的朋友是運動員出身的，我通常可以放心地跟他們交往，因爲不管是否聰明，他們都是開朗正向，充滿好奇心，有毅力不容易放棄，公正不欺騙，以團隊整體利益爲先的人，這樣的人，很容易交好。

這或許解釋了爲什麼，當我大學畢業十幾年後，父親不時還會以爲我大學時代主修的是體育，也看不出到底他是認眞的還是開玩笑的。

快樂無法仿冒

讓我一直維持運動習慣的，是害怕我一旦停下來，就又會回到國中教室，塞在過小的課桌椅前，過著那種令人身心沮喪的生活，所以我自覺很能夠理解被媒體封爲「市民跑者」的日本馬拉松選手川內優輝的心情。他並不是實業團的職業選手，沒有出色的身材條件（身高一七〇公分、體重五十八公斤），只是個埼玉市政廳的普通公務員，服務於春日部進修學校，每週工作五天，每天工作八九個小時，沒有公司企業的資助，所有訓練費用都是自掏腰包，據他自己表示，每年在田徑訓練上的費用就要花掉他將近一百萬日幣，出國去比賽也必須自己請假參加，但是這樣的他，一定很快樂。

很多人百思不解，他爲什麼會這麼做，但是**只要是運動員一定都知道，快樂是他唯一需要的理由**。

覺得太忙無法運動的人，你的心可能還停留在明星國中的升學班；覺得運動太累的人，恐怕從不曾進入身體律動的狀態，才會不知道運動其實是一件很輕鬆的事。

一個從運動中體會過快樂的人，是不需要每天「擠」出三十分鐘來運動的。

請你不要冤枉我。**我並沒有「努力保持運動習慣」，我其實只是想要「一直玩」而已。**

改造計畫建議②↓從減肥證明你不了解自己

其實想減肥，我們眞正面對的並不是肥胖、卡路里跟脂肪，而是面對自己的弱點。**學習如何面對自己的弱點，有時候跟發掘獨特的潛力與優點一樣重要。**

為了要能夠面對弱點，就要將思考「實現化」。也就是說，除了「行動」之外，別無他法。

回到減肥上，減肥最難的，就是要把想減重的想法實現出來，爲了能夠實現這個想法，就必須要採取有效的行動。

有效的行動，我覺得有兩個重點：一是狀態目標，一是行動目標。

一：狀態目標

所謂的狀態目標，就是我如果想要減肥，要減到像×××一樣。每個人對於如何算胖的狀態，定義不同，選定一個合理、恰當的狀態，表示對自己有足夠的了解。一個明明穿十一號女裝的人，不能在房間裡吊著一件○號的禮服，每天瞪著它，希望能夠趕快瘦下來塞得進去。如果這樣，還不如吊童裝算了。

想要變得像某某名模，問題是如果跟這位名模的身高、體型和身體比例，沒有任何相同的地方，無論怎麼減重，也不可能有任何一點相似的地方。選擇一個先天體型跟自己相似，比如說骨架比較大，或是腿比較短，就算身體瘦下來臉還是圓圓的等等……這些跟自己先天的弱點相同，但是經過後天努力，將體態保持得相當令人羨慕的人，才應該是設定的狀態目標。

「可是我只是想要回到原本的體重啊！」

這麼說或許沒錯，問題是什麼叫做「原本的體重」？我剛出生的時候，原本只有兩千三百公克，這樣怎麼說？

選定合理、得宜的狀態作為目標，否則真正失敗的不只是減肥，而是證明你果然是個對自己一點都不了解的人。

二：行動目標

錯誤的行動目標（太籠統、太普通、沒有建立在現實跟可能性的基礎上），會造成沒有必要的壓力，比如說很多人以爲「我要減重○○公斤」是一個很清楚的行動目標，其實並不是如此。

以減肥來說，我認爲有效的行動目標應該是類似這樣的：

我每餐都要少吃一口。

我每口食物都要多嚼十下。

我平常吃得太急，所以短時間不知不覺吃了很大量的東西，只要不趕時間，我要把吃飯時間拉長一倍。

平常不准去吃到飽的餐廳。最多三個月去一次。

用餐結束意味著「吃到不餓就停止」，而不是「吃到覺得撐爲止」或是「把面前的東西統統吃完」。

不用等很餓才一口氣吃很多東西，養成只要覺得餓的時候就吃一口喜歡的東西，不覺得餓了就停下來的習慣。

對我而言，這才是合格的「行動」，因爲每個目標連結著一個非常實際、可行性非常高的行動。因爲餓了才吃，不餓就停止的飲食習慣，可以讓我們隨時覺得入口的每一樣東西都很好吃，這才能眞正體會有如美食家享受食物的美好之處。對於注重口腹之慾的我來說，能領略食物之美，只吃好吃的東西，不爲了填飽肚子而隨便吃難吃的東西，比成功減肥的成就更大，也才眞正是有品味的大人風範。

至於那些用飢餓、藥物，吃難吃的東西來懲罰自己，或是對自己的健康造成傷害，是最沒有效果的減肥法，因爲結果只會整天頭昏眼花、眼冒金星，連作夢都會夢到吃的，最後總是幼稚地以「我豁出去了！」的大吃大喝悲壯結局收場而已。

【再問自己三個問題】

你覺得自己的外表怎麼樣？

你今年可以用哪些合適的方法，來改善自己的外表？

你會怎樣幫助身邊的人，對自己的外表也有合理的看法？

今年我不要當任何人的**仿冒品**

本計畫重點整理

- ☐ 讓自己從「容貌」這件事情上，徹底解脫。
- ☐ 不要自暴自棄把自己大走醜男醜女路線。
- ☐ 接受自己的不完美，有時候反而能夠幫助我們從戰戰兢兢、畏畏縮縮的人生當中解放出來。
- ☐ 連自己都不尊重、不愛的人，是很難得到別人的尊重和愛。
- ☐ 先從大處著手，而不要執著在小地方。
- ☐ 在改變的過程中，最大的改變不是自己的身體，而是改變看自己的方式。
- ☐ 魅力是後天學習來的。
- ☐ 學習面對弱點，跟發掘優點是一樣的。
- ☐ 錯誤的目標會造成沒有必要的壓力。

chapter 4

今年我要跟錢握手當好朋友

心中最大的富有，
就是不需要計算自己有多少錢，
但要用錢的時候，
永遠比夠用多一點點。

模仿我們喜歡的人的生活方式，
是改進自己，
讓自己升級的一個好方法。

有行動力才有收穫

我的加拿大朋友萊恩，在老家念完教育研究所畢業以後，二十幾歲時到台灣教英文，不知不覺在台灣待了整整十一年，終於有一天，他告訴我說：「今年我眞的要回加拿大了。」

「你爲什麼想回去？」我問。

「雖然我很喜歡台灣，但是開始渴望在自己的土地上生活，最近我夢想著在溫哥華買間房子，長住下來應該也很不錯。」

「溫哥華？那裡房地產現在已經變得很貴了，跟你離開的時候完全不一樣，哪裡買得起？就算想貸款，那麼久不在加拿大，當地銀行也不會借錢給你吧？」我懷疑他是不是在台灣時間太久，已經跟現實脫節了。

萊恩看看我，笑著說：

「我買得起。而且是用現金。」

「咦？」我以爲我聽錯了。

「自從十一年前到台灣以後，我同時做好幾份工作，白天在雙語幼稚園當全職的外師，晚上在補習班教英文，白天下班跟晚上上課中間，就去幫忙托福模擬考閱卷、改作文，週末有自己接家教，還有固定監考托福，就這樣，我規定自己每個月都要存兩千到三千美金，寄放給父親的好友代管，十一年來，從來沒有間斷過。所以現在我可以用這十一年來放在帳戶的現金，在溫哥華想要買喜歡的房子，一點都不是問題啊！」

我當時吃驚的表情，一定很像卡通裡面才會出現的人物。

當許多台灣年輕人，認爲台灣的薪資很低，不值得努力工作的時候，卻有人可以從加拿大來台灣存錢。我之所以覺得萊恩的成果當之無愧，是因爲我幾乎不認識有幾個台灣年輕人，**無論薪水多少，可以如此有紀律，持之以恆地主動每個月定期定額存款，每個月都做四份工作，付出比許多同齡的台灣年輕人好幾倍的努力**。而且他本來就念教育，眞心喜歡跟孩子們相處，看到自己的學生進步而歡喜。做著自己喜歡的工作，同時一面存錢，如今到了收穫的時候，我相信這是公平的，也眞心爲他高興。

受用的人生觀：模仿自己喜歡的人

如果想變成像我的朋友萊恩這樣，不需要花時間爭辯「其實外國人在台灣的工資比較高」之類的，因爲許多工時比台灣人長、工資比台灣人低的東南亞移工，不需要十一年，也可以在台灣掙得足夠的錢回到故鄉購地、蓋屋，或是投資自己的夢想。沒有外國人在台灣可以，台灣人在台灣或是在外國不可以這麼做的道理。我自己就選擇用我付得起的價格，在泰國買了計畫常住的公寓，或許對有些人來說很遙遠，但是對我來說卻**很務實**。

雖然人跟人有點不一樣，環境也可能有點區別，但是老實說，並沒有特別到別人可以、我們一定不可以的道理。

如果說萊恩眞的有什麼祕訣的話，那就是**「持續力」**。

只要願意的話，你可以借萊恩當作一個**模仿的對象**，把他當成一個值得模仿的「典範（mentor）」。

因爲有時候，**模仿是解決人生問題的捷徑**。

就像我時常說的，模仿沒有什麼不好，**在自己不知道該如何經營人生的時候，模仿我們喜歡的人的生活方式，是改進自己、讓自己升級的一個好方法**。

這個道理，我是從ＮＧＯ工作者的前輩那裡學來的，因爲當我剛入行，抱著精神的潔癖，覺得有些有錢人成立基金會，或是投入慈善工作，其實是用錢買美名，藉行善之名在沽名釣譽，但這位前輩就提醒我：

「什麼叫做眞的?什麼叫做假的?」她輕描淡寫地說,「如果你可以幫他,願意假裝一輩子到老到死,那不就是眞的嗎?」

那眞是我這輩子最受用的人生觀念之一了。

先看有多少錢,才決定要花多少

從小,我的父母對於家庭的經濟狀況抱持著完全向子女隱瞞的奇特態度,以至於我一直到長大,才開始透過模仿,從頭摸索學習跟金錢之間建立友好的關係。

我記得最清楚的是有一回,還在念小學的時候,學校發家庭調查表,要塡寫家庭的基本資料,其中有一個項目是家庭的經濟狀況,裡面有幾個選項必須勾選,當我回家拿聯絡簿給媽媽簽字的時候,只有那一欄母親無論如何也不願意塡。我急了:

「拜託!隨便選一個就好了,不然我會被老師罵!」小時候的褚士瑩是很怕老師的。

「到底怎麼樣?要塡『小康』嗎?還是『貧窮』?還是『富裕』?」我一直催促著,都快哭了,但是父母親完全不理我。

「這什麼爛規定!如果你們老師有問題的話,叫她來找我!」我的父母固執起來,也是很讓子女傷腦筋的。

最後我真的就交了一張家庭經濟狀況那一欄空白的家庭調查表，結果好像真的也沒怎樣就不了了之了。但我就在這種完全不知道自己家庭究竟是在「貧窮」還是「富裕」天平的哪一端的朦朧狀況中長大。老實說，一直到現在，我還是完全不知道我父母的財務狀況。我甚至合理懷疑，我的父母兩人之間，雖然當一輩子夫妻，搞不好也不知道彼此的財務狀況。

高中的時候，有一個家裡做生意的同學家變，家裡的經濟突然從有錢人掉到了谷底，同學紅著眼睛跟我說他是如何發現的：

「晚上全家一起吃飯，開了一個蒲燒鰻罐頭配飯，大家都想吃，我就隨口跟媽媽說：『那就再開一罐好了。』結果媽媽突然哭了，說：『這是最後一罐了，全家要一起分著吃。』我從來沒有想過，突然我們家會連多一個罐頭都吃不起……」

老實說，雖然我很同情這位同學的遭遇，但是當時我竟然心底升起一股莫名的醋意，羨慕他竟然可以這麼赤裸裸地看清自己的家計。

話說從那天開始，這個同學就突然改變了，他對於金錢的價值變得非常重視，也謹慎評估金錢占人際關係的角色（比如特意跟放學後會一起去快餐店消費、聊天的同學疏遠），有些同學覺得他突然變得很「臭屁」、高傲，從本來跟大家一樣嬉笑怒罵，忽然變得獨來獨往，但只有我知道，其實這都只是他選擇保護自己的方式。我決定幫他保守這個家庭祕密。

或許他有些後悔對我說了這些私密的事情，從那次以後一直到畢業爲止，我們幾乎都沒有再打過招呼。雖然如此，偶爾還是會輾轉聽到從不知情的老同學那裡傳來的消息，畢業以後，他選擇了大學主修商科，出社會以後，進了金融界裡做很辛苦但是高佣金的業務工作，總之，**對於金錢的恐懼，似乎不知不覺主宰了他的成年生活**。

那個時候，我回頭看父母的決定，才發現我的父母能夠保護子女在免於憂慮金錢的環境下順利成長，或許是值得感謝的教養方針，讓我從小到大學習**「用該用的，省該省的」**，而不是先看我有多少錢，才決定要花多少，或是看我可以從父母那裡拿到多少錢，才決定想要什麼，因爲我一點也不曉得家裡有沒有這筆錢。

或許這是爲什麼，花二十萬台幣去國外遊學三個禮拜這種事情，我壓根兒就沒想過要跟父母開口。

心底深處，也多少有些疑問，如果父母從小就教育我金錢的意義，那麼是否我會跟錢的關係更自然，而不是像我的父母那樣，需要自己摸索、猜測金錢的意義？

因爲**沒有人教導我金錢的價值跟用錢的方法，從小養成了觀察別人用錢的習慣**，我因此發現有錢人和窮人跟金錢財富的關係，眞的很不一樣。

每天為錢憂慮，智商會降低13分

我發現窮人跟錢的關係通常是這樣的：

直接：手持著名牌的東西時，就覺得自己比較有價值。用高級化妝品，或是穿比較貴的衣服時，就會覺得自己比較漂亮。壓力大的時候，花錢就有紓壓的效果。

覺得自己一無所有：這種一無所有的想法，像是毒素般從荷包穿過口袋滲透到整個人，讓人沒有自信。無論再簡單的事，都覺得自己沒有條件。這樣的人，往往因爲覺得自己能力不足，因此過度積極投入各種資格考試跟證照達人的競爭中，但大多數的資格、證照都沒有實用價值。

什麼事都用錢作為標準：看到別人出手比自己闊綽時，自動覺得那個人比自己厲害。看到別人開好車、住豪宅，自然覺得那個人比自己成功。是非黑白，反而不怎麼重要。

做自己不想做的事：手上有點錢的時候，不會拿來做自己眞正想做的事，反而會拿來交際，只爲了「融入」有錢人的圈子，進不去扶輪社也要加入獅子會，認爲這是自我投資，裝闊的結局是果然很快又沒有錢了，但想要以此建立起賺錢的關係卻一點效果都沒有，只有花錢的關係。

鑽牛角尖：工作是爲了想賺錢，但是因爲薪水太少了，所以無法存錢。因爲一直想著「我沒有價值」所以能力自然無法發揮。因爲無法發揮所以也很難找到適合自己發展的環境，自然也得不到來自別人的好評價。因爲沒有發揮過實力，對於自己的能力無法適切評估，不知道自己眞的能做什麼，所以就繼續一直做著瑣碎的小事。因爲做的都是瑣事，久而久之就覺得自己變得更渺小了。因爲自己很渺小，所以開始做無意義的犧牲，以至於隨時都處在疲倦的狀態。長期處在疲倦而苦惱的狀態，開始分不清楚是因爲沒有錢，所以活著才沒有意義；還是因爲一生都在做沒有意義的事，因此才會沒有錢。還沒想清楚，通常就死了。

有趣的是，國際期刊《科學》刊登一篇由哈佛大學經濟學家穆拉納坦（Sendhil Mullainathan）跟加拿大英屬哥倫比亞大學的華裔學者趙佳穎共同的研究，針對美國東岸新澤西州一間購物中心四百位年薪分別從兩萬美元到七萬美元不等的中低收入民眾，還有印度的甘蔗農分別做的實驗，發現貧窮與其隨之而來的煩心事會消耗很多腦力，**每天要為三餐憂慮的人，往往無法關切到生活的其他面向，甚至會讓智商降低十三分**，更容易犯錯，導致原本的經濟狀況更加惡化，我覺得這是完全可能的。

花越多，就賺越多？

至於眞正的有錢人，跟金錢的關係，據我的觀察是比較接近這樣的：

錢只是工具：眞正的有錢人沒有把錢當成目標的想法。用錢來換成什麼，才是考慮的重點。

不大容易受到金錢誘惑：沒有什麼「非買不可」的東西，只買眞正喜歡的東西。但遇到眞正喜歡的東西，價格並不是最重要的考量，價格的高低不會影響喜愛重視的程度。適不適合自己才是重點，不喜歡的東西，無論價格再便宜也沒有吸引力。所以推及到生活面，也不會勉強自己做不想做的事。

有錢的人通常比較有自信：就算實際上可以支配使用的錢比窮人少的時候，也很敢冒險。比如相信眼前遇到一個很好的賺錢機會，雖然口袋沒有錢，也覺得當然可以做，因爲錢反正去找就有了，賺了很快就可以還了。資格沒有也沒關係，眞正要用的時候再去取得就好了，結果也眞的會成功。

錢只是考量價值時的其中一種標準：比如新聞播報隔天汽油每公升要漲〇．七元的時候，有錢人絕對不會願意跟著大夥兒、推著摩托車去加油站排隊等四十分鐘，只是爲了要省二十八元台幣。這並不是有錢人不在乎小錢，而是四十分鐘的時間，很明顯並不值得。無論貧富，凡是跟錢有緊張關係的人，都無法忍受沒有占到便宜的想法。

良性循環：有錢人認爲既然有賺錢就要用錢，不會把賺來的錢統統收著。因爲不惜花錢投資自己，讓自己的條件越來越好（而不只是花補習費跟報名費，拿回一堆根本不能拿來找工作的奇妙證書），因此可以賺更多的錢，以至於不知不覺中變成那種「花越多、就賺越多」的人。

窮人與錢的關係

- 直接
- 覺得自己一無所有
- 什麼事都用錢作為標準
- 做自己不想做的事
- 鑽牛角尖

有錢人跟錢的關係

- 錢只是工具
- 不太容易受到金錢誘惑
- 有錢的人通常比較有自信
- 錢只是考量價值時的其中一種標準
- 良性循環

「永遠比夠用多一點點」的金錢觀

我的父母從沒有教導我跟錢應該保持如何的關係，只告訴我該用的就不要省，該省的就不要浪費，跟「有沒有錢」這件事情可說是完全脫鉤。因爲不懂如何跟錢相處，所以只好模仿，既然是要模仿，觀察了有錢人跟窮人之間的習慣區別之後，當然我想要模仿有錢人，於是從十六歲成年自行支配金錢開始，就一點一滴學習有錢人用錢的方法。

當長大以後，我常常告訴別人我的金錢觀：

「我心目中最大的富有，就是不需要計算自己有多少錢，但要用錢的時候，永遠比夠用多一點點。」

幸運的是，我這前半輩子，果眞沒有需要計算錢的時候，也眞不曾爲錢憂慮過。雖然經濟獨立那麼多年，脫離了父母的理財方式，但是我發現自己仍然繼續受到他們金錢觀很大的影響。

現在的我，慚愧地說，還是跟小時候一樣，繼續過著不知道自己究竟有多少錢的人生。

但幸運的是，我從來沒有慾望想要勉強買自己買不起的東西，至於眞正想要的東西，總是不需要特別計算就能買得起的，甚至喜歡的很多事物，都不是再多的金錢能夠買到的，像是悠閒的時光，像是完美的夕陽，像是跟好朋友相處，抱持好奇心，容易被美好的事物感動，這樣的生活，讓我繼續過著沒有理由去算錢的生活。

接下來這是後話。

最近因爲好奇，我問母親爲什麼當年不肯告訴我如何勾選家境狀況，退休前當會計的母親竟然用無辜的口吻，說出讓我大爲吃驚的話：

「因爲這輩子我們家從來就沒有記過帳啊……」

媽媽，妳未免太強了！

只能說道高一尺，魔高一丈啊！

從來不知道錢花到哪裡的人請看這裡

我在美國的鄰居，原本是個從來不怎麼理財，但也沒有什麼缺乏的捷運局技工，單身的他因爲知道自己平時沒有存錢的好習慣，是個每到月底就要搔頭苦笑、不知道錢花到什麼地方去的「**月光族**」，所以他頭腦精明的律師弟弟建議他一個簡單的解決方法：**買房子**。

因爲每兩個禮拜付一期貸款，從薪水帳戶裡自動扣繳連續十五年，所以沒有存錢紀律的他，就把按時付貸款當作強迫儲蓄，也是唯一的儲蓄，除此之外就沒有特別的規劃了。

他去年五十歲生日，從公家單位退休，那一年正好把貸款還完。因爲在捷運局，算是州政府的公務人員，因此退休之後享有八成薪的終身俸，生活從此不成問題，同時也很幸運，一個在猶他州擁有大片沒有開發鹽田的叔公去世以後，將遺產留給家族成員，所以律師弟弟把鹽田賣給礦業公司以後，自己留了一大份，其他的則分配給各個兄弟姊妹，全家每個人因此都得到一筆說多不多、說少不少的意外之財。

有了一間付清貸款的房子、退休金固定收入，還有一筆意外的遺產，對於一個高中畢業學歷、從來沒有財務規劃的藍領階級，這樣應該也可以從此輕輕鬆鬆過著退休生活，我覺得挺高明的。

「因爲我從來不知道自己錢花到哪裡去，所以我不能相信自己，這是爲什麼我這輩子沒有辦信用卡的原因。過去沒有，以後也不會有。」承認一點都不懂得理財的他，避免自己亂花錢的方法，就是**規定自己買任何東西都只用現金**。

因爲他知道自己雖然沒有理財概念，但是不管多有錢，血液裡流著愛爾蘭裔生性吝嗇的個性，所以花現金的時候一定會有痛感。刷卡的話，可能會糊里糊塗就刷下手，況且他知道自己沒有按時付水電費帳單或是交通罰單的好習慣，一旦信用卡帳單來，就算不缺錢，也很可能不會按時繳付，而造成循環利率、催繳帳單的大問題。

知道自己頭腦簡單、懶惰、又沒有紀律的三大弱點，所以趁三十多歲還算年輕時，趕緊停止遊手好閒的日子，找一份做了十五年就有退休金的公家工作，買房子，不辦信用卡，救了一個時常沒有報稅，每年有好幾次網路跟有線電視都會因爲沒繳費被電信公司切斷，幾年前的牙醫帳單沒付而整天被討債公司騷擾的懶鬼。如果不是因爲針對自己的致命弱點，做對了這三件事情的話，他的未來恐怕不堪設想，說不定一不小心就會流落街頭。

「那你可不可以建議我，突然多出這筆大錢應該怎麼辦？」分到叔公一筆遺產之後的第一時間，我這鄰居就來詢問我的意見，可能是因爲他知道我一向對金錢很謹愼，而且不會因爲向我透露這筆錢的緣故，變得像其他狐朋狗友那樣，設法把錢從他口袋中騙走。

「如果我是你的話，我會成立一個信託，算好每年需要的生活費，因爲你有八成薪，所以要限制自己每一年能夠從信託提出來的錢，不超過原本薪水的兩成，來補你原本薪水的缺口。這樣的話，你就還能夠維持原本的生活消費水準，不管活到幾歲都不用擔心會不夠用，死了以後這筆錢就進到指定的受益人戶頭，或是指定的慈善機構。」我當時是這麼說的。

當然，這個頭腦簡單、懶惰、又沒有紀律的傢伙，果然因爲覺得我的建議太複雜無法理解、又太麻煩，所以完全沒有行動，畢竟我們是完全不一樣性格的人啊！對於錢的態度不同，本來就是可想而知的。

但從他的例子，也讓我有機會想清楚，萬一有一天，天上突然掉下一筆錢來，從此一輩子不愁吃穿的話，我該怎麼做。

我在曼谷實現買房計畫

雖然不算什麼成就，但是我在曼谷購屋置產的經驗，的確幫助我體認到只要能夠自我節制，持續不斷，其實一個上班族要存夠錢買房子並沒有那麼困難。

當然，如果今天要買的是位於天龍國的天龍區的豪宅預售建案，或是在東京的表參道上買一間公寓，那麼我成功的機會是很渺茫的。所以當十二年前我開始在一個辦公室位於曼谷的NGO組織工作時，發現這是一個透過努力、就有機會達到的目標，因此動了在曼谷置產的念頭。

曼谷市區的電梯公寓，房價跟台灣高雄市的公寓屬於差不多的水準。一間十來坪的小套房，租屋每個月差不多是一萬塊錢，房租由我工作的單位支付，算是補貼我不高的薪水。也就是說，每年我需要付十二萬的租金。當時我用簡單的小腦袋盤算了一下，如果我持續租十年，那麼買下來就比租房要來得合算。

因爲我不確定自己是否未來也會繼續喜歡在泰國的工作或生活，所以如果只是購買小套房的話，風險是比較小的。

一百二十萬泰銖的公寓，其實這數字對任何一個有穩定工作的社會人來說，說多不多，說少不少。

我開始盤算，這筆購屋的錢要從哪裡來。仔細考慮之後，我認爲自己有三條可行的路：

用出社會之後累積的銀行存款（我的「緊急備用金」）購買，然後儲蓄從零再度開始。

因爲身爲外國人，在泰國很難向銀行貸款，因此改向台灣的銀行貸款，拿來一口氣將曼谷的公寓付清，然後由工作單位向我承租公寓，每個月一萬元的租金收入，就用來償還台灣每個月的貸款。

另外想辦法增加收入，用額外的收入來購屋。

當然，一些明顯不可行、增加別人麻煩、或是會增加自己太多壓力的選項，已經早就被我刪掉了，像是跟家人借錢、跟朋友合買、或是一口氣跟銀行多借一點，一次買下同一層樓五間套房做投資客，自己住一間，另外四間出租，當房東的收入拿來還貸款，仔細想想後，都覺得是餿主意，所以最後只考慮三種方式。

第一種方式，雖然明快，但是這意味著我的儲蓄必須歸零，重新開始存錢的時候，萬一有什麼急用臨時需要一筆比較可觀的數目，我將無法應變。對於一個成年的社會人來說，拿緊急備用金來做非緊急的用途，未免有些不負責任，萬一我突然失業了，或是家人忽然需要一大筆醫藥費用，那怎麼辦？難道要臨時賤賣房子變現嗎？

第二種方式，雖然可行，但是有點麻煩（雖然不像買五間當包租公那麼麻煩），而且明明是自己擁有、自己住的房子，同時又向工作單位收租金，雖然合法，也不是沒有人這麼做，但是我的同事、上司一旦知道了，可能心裡會不舒服，大家日後相處起來會怪怪的，所以不值得。

那麼就**剩下第三種方式了！增加收入**，存夠了錢再買，雖然會需要多花一點時間，但因為不需要動用我的備用金，也不會造成同事、人際關係的尷尬，又可以給自己一個可以努力的目標，就這個吧！

因為有了購屋的動力，我就朝著在最短的時間內，額外存一百二十萬的目標邁進。我只需要想到怎麼開源節流的方法就好了。

當然，我也考慮過辭掉工作一年，到澳洲的農場或是加拿大的油井去打工度假，省吃節用，存到一百二十萬應該不成問題，可是我是因爲喜歡我的工作、還有曼谷這個城市，才決定要在泰國買房子的，若是爲了購屋而離開這份工作、這個城市，豈不是本末倒置！

退而求其次，我必須找到即使人在曼谷，做著朝九晚五的工作，也可以增加收入的方式。

有幾個方法是立刻浮現腦海的：

- 代購泰國流淚吐司或是其他創意商品，寄到台灣，收取佣金。
- 因爲我人在曼谷，可以當地陪，用中英文接待自由行的客人，或是幫來跑單幫辦貨的華人當翻譯。
- 多寫稿，努力賺稿費。

雖然三個方法都可行，但是只有我能夠做，而不是每個在泰國的台灣人都能夠做的，應該只有第三項。第一項需要很不怕麻煩，因爲很可能會面臨貨物遺失、拖延，或退換貨等等問題，我這麼沒有服務精神的人，應該很快就會跟客人翻臉吧？第二項需要時常請假影響工作，可能不恰當。認識自己的優勢跟劣勢後，我決定選擇可以努力寫稿、翻譯，來增加我在台灣的收入。

「這應該也算『市場區隔』吧？」我這麼想。

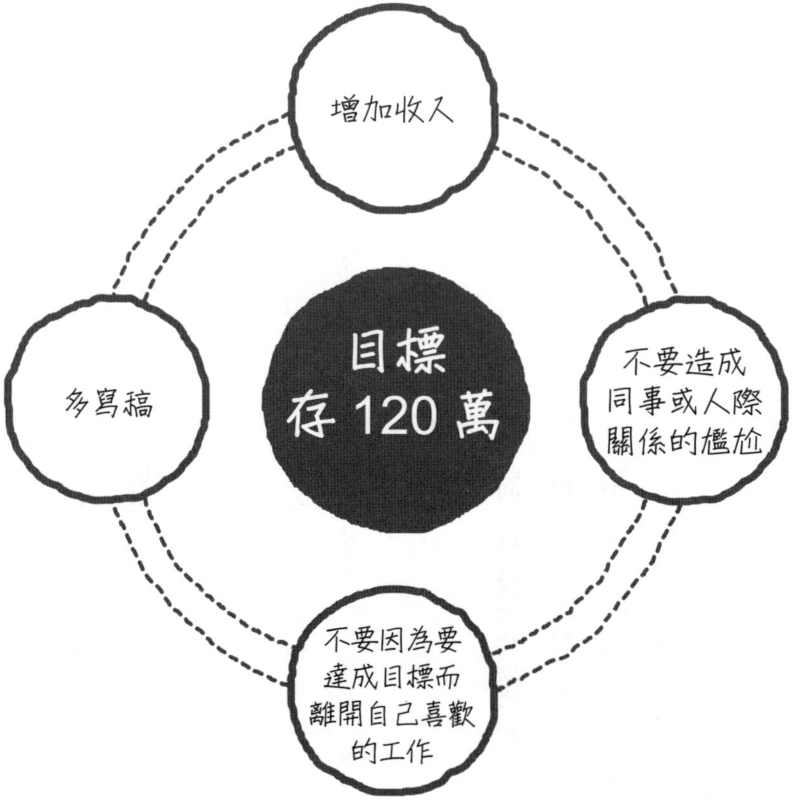
增加收入
多寫稿
目標
存 120 萬
不要造成
同事或人際
關係的尷尬
不要因為要
達成目標而
離開自己喜歡
的工作

有了一次完成，就可以激勵下一次的完成

決定以後，我立刻上網開了一個台幣帳戶，努力地在下班後接稿約、寫專欄，畢竟寫作是我鍾愛的副業，所以從台灣某個網站每週一次的作家部落格，到中國某個週末畫刊的每週專欄，從給老人看的大字體雜誌，到給小朋友看的注音刊物，加上固定的月刊、季刊，不定期的稿約，書評推薦，影評，從大型的時尚流行誌，到通常連打開都沒有就被回收掉的校友季刊，從一個字〇．六元的翻譯稿費，到一個字超過十元的廣編稿，可以說來者不拒，無論多麼忙碌，我規定自己每天都要完成一篇文章，並且按出「send」的按鍵才准去睡覺。

我並不覺得辛苦，因爲我眼前有著一個買房的目標，而且寫作是我本來就喜歡的事情，因爲有趣的事情、想要分享的想法實在太多了，從來不需要擔心會有腸枯思竭的時候，需要改進的，**只是要養成每天規律寫稿的好習慣**。

只要進到這個專門帳戶裡的錢，我就絕對不去碰它。實際上，爲了確保我沒有辦法花掉這個帳戶裡面的錢，**我故意不辦理這個帳戶的提款卡，只有一本傳統的存摺，因此只要我人不在台灣，無論任何狀況下，都不可能會因為其他誘惑，忍不住花用掉了這個帳戶裡面的一**

分一毛錢。

就這樣，我爲了購買一間以台灣的水準來說屬於廉價的房子，開始我的增加收入大作戰。

不到一年多，我果然如願存夠了可以將這間公寓買下來的現金。

花了可能如今在台北市的精華地段，只能買一坪的價格在曼谷的市中心我喜歡的地段，買了間十來坪的小套房，雖然絕對算不上是什麼成就，但是這個小小的成功經驗，卻讓我很有成就感。

實際上，過戶後才幾個月，我決定曼谷是一個好住、適合我即使老後也能安心生活的城市，可惜室內空間太小了。所以我開始繼續用同樣的方式存錢，決定要買下隔壁兩倍大的坪數，成爲日後在曼谷退休的舒適據點。之所以我會有這樣的信心，都要拜小套房成功的經驗之賜。我也因此體認到人的夢想雖然可以很大，想做的事情可以很多，但是沒人規定非得一步到位不可，每個階段的小成功，都會給我莫大的信心，可以繼續走更艱難的路，好像成功拼過兩百片拼圖的人，自然而然會向五百片、一千片挑戰的道理是相同的。

我相信有執行計畫成功經驗的人，無論這個成功多麼微不足道，都會產生莫大的激勵作用，讓下一次的計畫更有成功的機會。

持續力才能當錢的好朋友

回到在台灣住了十一年，返回加拿大的萊恩身上。

他回加拿大不到一個月，就在臉書上宣布他已經順利找到一份在加拿大當地大學教書的工作，而且過完週末就要開始上班，原本他還打算拿一部分存款，跟朋友花一年的時間當背包客先去環遊世界，之後再開始找工作，但是我一點也不意外，他選擇立刻又投入職場。

原因其實很簡單，因爲他十一年以來，養成了每個月努力做四人份的工作、努力存錢的習慣，如果要他突然停下來什麼工作都不做，只有支出沒有收入的生活，就算經濟上許可，他也無法接受自己這麼做，這就好像少數意外中了彩券頭獎的人，也考慮過乾脆退休過舒服的日子，但最後想想，決定還是繼續隱姓埋名，做著跟原本一樣勤苦的工作，覺得這樣會比較快樂。雖然很多人會笑他們傻，但是我對這些人的選擇相當佩服（如果願意捐出一大部分給做得很棒、又很需要經費的NGO組織，那就還能得到我額外的敬重），因爲**無論有多少錢的人，都不能保證哪天不會變得一文不名**，因爲沒有能力支配金錢的人突然有錢了，就像跳上一匹野馬的背上，是無法好好駕馭的，遲早會被重重摔下地上，然而**「持續而穩定的存**

錢」這個行動的習慣，卻才是讓自己不缺錢的重要關鍵。

「我能夠持續存多久？」是比「我能賺多少？」更重要的問題。因爲從萊恩的身上，我明白即使日進斗金的人，如果每個月連個兩、三千塊台幣都存不下來，永遠也不會變有錢。但是如果不論賺多、賺少，每個月都能夠有紀律的存下一筆不需要大的數目，假以時日，一定會變得比沒有存錢能力的高收入者更富有。

今年
我要跟**錢**
握手當好朋友

本計畫重點整理

- □ 在自己不知道該如何經營人生的時候，模仿我們喜歡的人的生活方式，是改進自己、讓自己升級的一個好方法。
- □ 用該用的，省該省的。
- □ 從小養成觀察別人用錢的習慣。
- □ 不需要計算自己有多少錢，但用錢的時候，永遠比夠用多一點點。
- □ 買任何東西都只用現金。
- □ 執行計畫成功的人，無論成功多麼微不足道，都會產生莫大的激勵作用，讓下一次的計畫更有成功的機會。

chapter 5

今年我跟人的**關係**要更好

你需要世界，
世界也需要你。

你很重要，世界需要你

在你思索著你跟父母家人、朋友、戀人之間的關係時，我希望**你能夠跟我一起，先想一想你跟世界的關係**。

請讓我分享一段美國科羅拉多州少年法庭的法官Phillip B. Gilliam，在一九五九年的一場演講當中對因爲無聊而鬧事的年輕人說的話：

「我們總是聽到年輕人抱怨：『好無聊，現在能幹嘛？現在能去哪兒？』我的答案是：回家去，去除院子裡的草，去洗窗户，學著做飯，釘個書架，找份工作，去探望病人，把功課做完，等你這些都做完了，就去讀本書吧。

「你住的城鎮，並沒有欠你吃喝玩樂的設施，你的父母，也沒有欠你吃喝玩樂。這個世界，也沒有欠你一個好人生。但是你欠這個世界一些什麼。你欠這個世界你的時間、精力、才能，所以沒有人必須因爲戰爭、貧窮、疾病或是孤單而受苦。

「換言之，長大吧！別繼續當個哭哭啼啼的小嬰孩，從你的夢幻世界裡走出來，長出肩膀來，而不只是一直長出願望。開始表現得像個有擔當的人。你很重要，世界需要你，你沒有那個空坐在那裡等著什麼人什麼時候來爲這個世界做點什麼。因爲那個『什麼時候』就是現在，而那個『什麼人』就是你……」

這段五十多年前幾乎被遺忘的一段話，因爲二〇一〇年四月被一個紐西蘭小鎮Kaikohe的北方學院（Northland College）校長John Tapene引用而重見天日，學生刊登在校園報紙上，結果校長收到了超過一百封email，被轉PO在臉書上以後，許多人按了分享，因此感動了不少世界各地的年輕人。

我們之所以感動的原因，是因爲我們突然意識到，**自己已經花了太多時間，想著自己還可以從這個世界多取得一些什麼，還能從身邊的這些人身上，再多得到一些什麼，為我們自己所用，卻忘了我們虧欠這個世界不少東西。**

生命中，動人而美麗的關係

前一陣子有個從小一起長大的朋友，慈愛的母親終於在臥病多年後不敵病魔，撒手人寰。去世之前，母親爲了能夠方便到醫院進行化療，也能夠得到家人就近照顧，因此從南部搬到台北同住，一直到去世爲止。這個與母親漫長告別的經驗，意外開啟了她對於自己跟父母之間的關係，一個深刻思考的機會。

告別式結束，人潮逐漸散去。朋友靜靜走到我的身邊，紅腫的眼角示意我看式場角落，有一個穿著黑西裝禮服，戴著呢絨帽的老派日式紳士，還繼續坐在位子上。

「他是第一個來的，大概會是最後一個離開的吧。」

朋友緩緩地說。她的母親這輩子是個溫良恭儉的賢妻良母，人前人後從來沒有發過脾氣，或是批評人一句刻薄的話語，是我這輩子最敬重的長輩之一。她的存在，就像港灣的消波塊那樣，無論是在外做生意經歷大風大浪的丈夫，或經歷叛逆成長過程的孩子，只要一進家門口，就像被施予奇妙的魔法，不由自主變得風平浪靜。

母親就是避風港，永遠在那裡微笑，招手，默默守護、看顧著家庭，甚至逆來順受，傳統得讓人心疼，彷彿她是個沒有自己的人，即使到了癌症末期進入安寧照護的階段，身體的痛苦已經不是止痛藥能夠壓制的，還是那樣面帶疲倦地微笑，只爲了不希望影響到家人的情緒，成長中的孫子、孫女不會因此對於死亡蒙上恐怖的陰影。我這朋友的妹妹，或許因此才成爲一個積極的現代女性，抱著獨身主義，不讓男人專美於前，不想像母親這樣成爲家庭的附屬品。至於我這位朋友，從裡到外簡直就是她母親的翻版。

因爲母親這輩子爲人寬厚，無論是老朋友、同學，還是退休的同事，聽到病情嚴重，都紛紛想來探望，但她的體力越來越差，已經無法頻繁見客，我的朋友只能請他們不要單獨前來，相約好一群人一起，安排一週一組人，輪流在母親身體狀況比較好的早上來。

雖然名義上是探病，但大家都心知肚明，這就是最後的告別了。

突然有一天，母親趁著家裡沒有其他人的時候，靜靜地對我這朋友說：

「女兒，請幫媽媽找一個失聯幾十年的老朋友。」

對於一個這輩子從來不想麻煩別人的母親來說，這是多麼不尋常的要求啊。即使病得這麼重都不願意麻煩人爲她端一杯水的母親，突然這麼說，肯定是很重要的，我這朋友立刻正襟危坐。

循著母親給的線索，打電話給母親當年宿舍同寢室、情同親姊妹的老同學。母親的室友幾十年前就已經移居海外，但她就和母親一樣守口如瓶，無論怎麼問也不肯多說什麼，突然聽到「那個人」的名字，也不顯意外，只是很理解地在越洋電話的彼端說：「請給我一點時間，我要打幾個電話，應該能夠找到這個人。」

幾天後，母親的病情再度惡化，進入加護病房，有一位西裝筆挺的老紳士突然獨自來探望。

母親一輩子交友單純，母親的朋友全家人都知道，但是這次，全家人包括父親都不知道這個人，但是我的朋友在醫院的走廊上，直覺知道這就是母親最後想見的人。母親難得堅持單獨見客，讓家人在外頭等著，雖然只有短短的十五分鐘，老紳士就不發一語地離開了。母親這麼虛弱的地步，自然也沒有人多問什麼。

等到父親終於離開以後，母親拉著我這朋友的手，微笑著向女兒道謝：

「剛才的那個人，其實是媽媽的初戀男友。」

女兒腦袋微微一震，像是一場行星的小爆炸，可是外表什麼都看不出來，但是母親看出來了。繼續用微弱的聲音說：

「那是很久很久以前的事了，在我還沒有認識你的父親以前的事。幾十年來，我們沒有聯絡，我一直在想，不知道他過得好不好，現在看到他，知道他這輩子也很好，我再也沒有什麼遺憾了。」

母親雖然虛弱，但眼睛裡煥發著猶如少女般的光亮，難得神采奕奕又說了一些當年的小故事，由於當時民風保守，寄宿學校嚴禁男女交往，住校的時候，這個情同姊妹的室友，對這檔嚴重違反校規、一旦被發現就會被退學的大事，從來沒有任何批評，甚至沒當面問過母親一字一句，也沒問過對方是誰，只是彼此心照不宣，後來兩人各自成家，也從來沒提起過「那個人」。

至於爲何有情人不能終成眷屬，後來如何與父親相遇、結婚的事情，母親沒有說，現在也永遠不會知道了。但在那個貧困的時代，愛情是像天上星光般可望而不可即的奢侈品，是可以理解的事，只是從來沒有想到，母親這一輩子，若非到了這時，沒有人知道她的遺憾。

就像母親一樣，女兒也沒有多說、多問些什麼，自然也沒有告訴父親這件事。

出院不久，母親就去世了。告別式這天，雖然儀式十一點才開始，但有位穿著全套西裝，拘謹的陌生老紳士，一早就第一個來到會場報到，獨自坐在空蕩蕩的式場最後排的遙遠角落，專注地看著投影螢幕上一遍又一遍靜靜播放著的、母親這一輩子所有的家庭相片，從頭到尾沒有變換姿勢，好像想要把每一幕都深深映在腦中。

當然，老紳士沒有在任何一張相片裡面。

「那個人是誰？」父親覺得有點奇怪，忍不住問。

我的朋友只是聳聳肩，「好像是媽媽的一個老朋友。」

說完，朋友就移到門口去送客了。

我的朋友站在她的丈夫和一對孩子中間，和她的母親幾乎一模一樣細瘦蒼白的美麗頸子，傾斜十五度角，一一向每個來賓點頭致謝，偶爾拿起手帕的一角擦拭止不住悲傷的眼淚。她剛才告訴了我一個她從此將永遠埋在心底的祕密，一個她和逝去的母親之間的小祕密。

請原諒我，我的朋友。無論如何我也鼓不起勇氣開口去徵得妳的同意，把這個故事寫出來，但是我也無法像妳那樣深埋心底，因爲這個故事像地心的岩漿那樣，每天每天搖撼著我，所以我不得不自作主張，決定在告別式整整一年後寫下來，改動了其中一些細節，僅作爲對妳母親逝世週年的紀念文，因爲妳有一位世界上最棒的媽媽。

如果我這位朋友，把母親當成是一個絕對神聖的身分，忘了把母親當成是一個有血有肉，也青春過也傷心過的平凡女人，她可能就無法看到這個沒有結局的愛情故事深刻跟動人的地方，甚至會覺得母親完美的形象因此汙穢、失望，「晚節不保」。但是如果我們願意細細留心，摘下有色眼鏡的話，就不難看出，無論身爲這位母親的子女還是丈夫，舊情人還是幾十年前學生時代的室友，實在都是很棒的人。這一小群人的生命之間，有著無比美麗、動人的關係。

原來當時這場旅行如此重要

我跟父母的關係不錯。但是老實說，我們並不是一直都這樣的。

最近我探望父母的時候，提到剛剛從北海道旅行回來，母親一聽到北海道，眼睛立刻亮了起來，馬上從房間裡搬出一本厚重的相簿，這是我第一次看到整整十年前，我帶著父母親，我們三個人一起到北海道去旅行的相片。

這十年以來，我平均每個月會跨境十個國家，每一年至少會有一百天搭乘飛機，對於我來說，不要說十年，就連十天以前的記憶，在哪個國家、跟什麼人見面、吃了些什麼美味的東西、說了些什麼有趣的話題，都已經是遙遠朦朧的記憶。所以對於將近四千天以前的親子旅行，老實說，只依稀記得有這麼一件事，因爲在這之後，就因爲父親的健康因素，我們無法再一起出門旅行，但是對於當時的細節，卻完全不記得了。

直到母親打開相簿爲止。

母親按照每一天的時間順序，整整齊齊地將這趟旅行的每一張照片、每一張票根，都貼在相簿裡，像是一個時間膠囊，我看到阿寒湖的綠球藻，我們穿著浴衣吃宴會料理，我們去洗溫泉，我們去看狐狸，我們去買木雕，我們去摩周湖吃溫泉蛋，好多的細節，都那麼精確地回到眼前，這些都是確確實實一起發生過的事情，只是已經被我忘掉了。

「哇！怎麼會有那麼多照片，而且照得很不錯呢！」我一面慢慢翻閱著，一面讚嘆著。

「都是你照的啊！你忘了嗎？」母親用不可置信的口氣說。

我真的忘了。連十年前使用的那台相機，究竟是光學相機還是數位相機，都已經想不起來了。

但是這些細節，顯然母親都記得。

她不但記得，這十年來，可能還時常拿出來回味。因爲我看到相片旁邊，有母親的筆跡，寫著北海道生乳的霜淇淋好吃的味道，寫著看到盛開的薰衣草田的感動，還有一張，註明著照片當中的外套，是她非常喜歡的，但是後來遺失了，非常心疼。

雖然在我的記憶中，這只是一場十年前印象模糊的家族旅行，當時我甚至不知道他們是否喜歡那一場旅行，但在經過整整十年以後，我才在意外的時刻，發現原來那場旅行的分分秒秒，都在這段漫長的時光中，讓子女都不在身邊的母親，一而再三地回味不已，包括她的兒子，她的丈夫，火山的氣味，還有抹茶霜淇淋的甜蜜。

合上相簿的同時，我輕輕吐了一口長氣：

「還好那個時候我們有去啊！」

母親也微笑著說：

「對啊，還好那個時候我們有去。」

言下之意，這場三個人的旅行，無論我們再怎麼想，因爲父親每週需要上醫院洗腎三次，所以再也不可能重現了。

當時我們不知道的事情，經過時間的醞釀，現在我們才明白。

十年後，我們親子三人才知道，原來當時這場旅行如此重要。

和解，從旅行開始

人跟人之間的關係，可以透過各式各樣的方式拉近維繫，不一定只限家人，也不見得只有旅行，無論是任何讓兩個人的心與心連結的活動，無論是做木工還是掃墓，包粽子還是交換日記，都可以是彌足珍貴的。

只正巧我是一個喜歡旅行的人，也擅長旅行，所以能夠跟我愛的人，分享我在這個世界上所喜歡、擅長的事物，帶來的快樂當然是比較大的。

我的好朋友張瓊齡也是這樣。她正式的身分是台灣國際志工協會副理事長，愛旅行的她，從大學三年級起開始當志工，出社會後一直在NGO領域，把工作與志工結合，除了生活愉快、知道自己今生的使命外，還意識到應該正視刻意逃避的家庭問題，但沒料到，「志工」竟成爲解決母女隔閡的關鍵。

張瓊齡自己是個樂觀又願意成就別人的人，不過，她的母親根據她自己的話，是個「沒受過教育、價值觀只用金錢衡量」，十三歲就離家打拚的不幸女人，不能理解為什麼一個念到大學的女兒不去好好賺錢，卻到主婦聯盟合作社「賣菜」，賣菜也就算了，還沒有酬勞可領，她覺得媽媽的價值觀「很糟糕」，母女關係可以說是到了冰點。

但陸陸續續發生幾件事情，先是大學同窗在二十五歲青春年華竟然因肝癌去世，然後父親往生，接著丈夫也在結婚後四個月因心肌梗塞離世了，一連串的打擊讓她除了感受到人生無常，也意識到必須解決母女的隔閡，免得到時候再後悔也來不及了。

過去這將近十年來，張瓊齡開始嘗試帶媽媽去旅行，透過與人群接觸，投其所好地分享媽媽「各種出國省錢的方法」，其實是希望透過帶著母親跟自己一起當國際志工，了解女兒到底在做什麼，也能夠慢慢體會幫助別人的快樂，還因此寫了一本書，叫做《旅途：一段走了四十年的母女和解之旅》。走過這段路後，她的母親最近檢查出直腸癌零期，正在接受放射治療，已經改變生命態度的母親，在子女與安寧療護志工陪伴下，能夠坦然面對，以過去母親的個性來說，恐怕是無法想像的事，但自從帶媽媽去旅行後，現在母女兩人卻因此變得更加融洽，禁得起人生風雨的考驗。新書簽名會的時候，我悄悄地出現在嘉義的洪雅書房，看到她們母女兩個站在這本屬於她們的書面前，一唱一和，確實讓人動容。

當我問我的英國朋友，爲什麼今年的十個希望中，會把辦成家族旅行，作爲一件非常重要、「非做不可」的功課時，他想了一想，告訴我兩個原因：

「因爲我不知道這樣的機會，**如果錯過了，還會不會有下次。**」

「我是這個家裡唯一能夠把家人聚在一起的人。」

我很誠懇地說，這眞是非常好的兩個理由。

「我接下來這一年，一定要辦成一個家族旅行，因爲父母年紀越來越大，身體又不好，恐怕來日無多，哥哥移民在加拿大，成家了有兩個孩子，我的工作又是全世界趴趴走，我們家兩個兄弟跟父母四個人，同時聚在一起見一次面的機會越來越少，可是我哥哥總是說他的工作太忙，而且沒辦法花那麼多錢來做家族旅行。」

我的朋友說出他這個願望最大的困難點。

「或許，我是家裡唯一這麼在乎這個家的人吧？」我的朋友深深嘆了一口氣。

一個人的夢想，變成一群人的夢想

如果實現願望的困難點是外力時，如何讓這個計畫實現？

那就是幫這個事件裡所有的「關係人」都想好非這麼做不可的好理由，**讓大家都找不到藉口，最好是能夠感動所有的「關係人」，讓原本只是你一個人的夢想，變成一群人共同的夢想。**

這個家族旅行的關係人可以這麼表示：

本人：「我接下來這一年，一定要辦成一個家族旅行！」

父母：因爲年紀大、體力不好，但是珍惜家族相處的時光，尤其是兩個孫子。只要規劃好行程，舟車不大勞頓，基本上不會拒絕。

哥哥：總是說工作太忙，而且沒那麼多閒錢來辦家族旅行（可是卻有時間跟錢去夏威夷兩週參加好朋友的婚禮）。

嫂嫂：原則上贊成，但是身爲媳婦，不認爲應該由她來主導這件事。

需要特別說明的是，我的朋友原本不知道嫂嫂的立場，但是他知道哥哥很尊重太太的意見（白話的說法，就是很怕老婆的「恐妻家」），所以我在聽了他們家裡重要的成員意見後，決定除了請他把嫂嫂也加進關係人，也請他一定要取得嫂嫂的支持，至少不能反對。

接下來，就是說服哥哥了。

針對太忙、沒時間這點，我建議他把www.seeyourfolks.com 這個英國網站連結寄給他的哥哥。對於不知道seeyourfolks.com是什麼的人，我簡單說明一下。這是幾個英國人用二〇一一年世界衛生組織（WHO）公布的全世界各國男性、女性平均壽命作爲資料庫而架設的簡單網站，進入網站首頁後，只要選擇父母的居住國、性別、年齡，還有每年你回家探望父母的次數，就可以計算出一直到父母去世以前，你還可以見到他們幾面。

「我還有九次，可是哥哥只剩下三次。」過了幾天之後，我的英國朋友跟我回報。之所以會不一樣，是哥哥平均每年只回英國探親一次，但是我的朋友每年都會安排三次回家探望父母。

顯然，這個簡單的小測驗，影響了友人哥哥的態度，因爲我們**用了一個客觀、有效、視覺化的方法，讓一個原本沒有機會深思這個問題的人，發現自己如果不支持這個家族旅行，原本這輩子只剩下三次見父母的機會，很可能就又少了一次。**

至於一家四口要去家族旅行太花錢這個考慮，我建議的解決辦法是選擇一個對於哥哥最省錢的地點作爲家族旅行的目的地。

因爲父母兩人住在英國，我的朋友在全世界當空中飛人，所以如果少數能配合多數，飛到加拿大，選擇哥哥一家四口，開車就可以到的地點，那麼錢的問題就不是那麼大了，起碼不能拿來當作反對的藉口。

沒想到，我的朋友心機比我更深。他想到幾個月前，哥哥家因爲連續下了三日豪雨，家裡的地板稍微淹水，以至於地毯有一個角落有水漬。原本他們只打算裁掉這一小塊溼掉的地毯，換成新的就好了，但是保險公司來看過之後，認爲應該要全面換新，所以他們意外收到一張高達一萬五千元加幣的保險金支票，然而他們還是按照原本的計畫，只花了一兩百塊錢，DIY換掉了受潮的那一小塊。

「既然那一萬五千塊加幣是多出來的，就把這筆錢拿出一部分，當作是家族旅行的基金吧！」他這樣跟哥哥說。

都這樣說了，無論是誰也無法拒絕吧？

一個人的夢想
一群人的夢想
夢想實現

從現在開始，對最重要的人做點什麼

其實seeyourfolks.com這個網站的概念，亞洲也有。

日本Earthstar娛樂公司的節目製作人中島大輔，出社會以後一直在外地工作，有一天他驚覺父母已經不知不覺過了六十歲，但是就像許多離鄉背井到大都市闖蕩的日本年輕人，一整年中，大概只有過年過節幾天的時間回鄉跟父母見面。充滿感慨的中島大輔因此召集了一些志同道合的朋友，收集各地陪伴父母的小故事，以「孝行執行委員會」的名義，集結成一本叫做《別以爲還有20年，你跟父母相處的時間其實只剩下55天》的書，台灣也有發行中文版。

書中以日本人平均壽命男性七十九歲，女性八十六歲來計算，跟父母沒有住在一起的成年子女，一年當中，如果只有一年三節的時間回家，大概就是六天。雖說有六天的時間，但一天之中扣掉睡覺、上網、看DVD、出門購物、或是跟其他朋友敘舊等等的時間，假期間一天眞的能和父母相處的時間，連半天都不到。所以如果用每天十一個小時來計算（這應該已經算是很慷慨了，據我所知，我認識很多跟父母住在一起的朋友，他們每天眞的跟父母專心相處的時間，頂多就是半個小時、一個小時吧！）假設父母現在六十歲，雙親都能平安無事活到八十歲的話，用簡單的公式來計算（父母的餘命）×（一年中見面的天數）×（一天內相處的時間）所得到的結果是：

二十年×六天×十一小時＝一三二〇小時

換句話說，跟日本狀況差不多的台灣，一個成年子女能和父母相處的時間只剩下一三二〇小時。若換算成天數，只有短短的五十五天！而且這還是所有年節都在一起度過的理想狀況，就算如此，親子之間的相處也只剩不到兩個月的時間。

大部分的人，一旦發現這個量化的數據，通常的反應是非常驚訝，然後有點難過，覺得有罪惡感。

其實無論是英國的seeyourfolks.com或是日本的親子相處餘日計算，數字本身多少都不大重要，不需要去斤斤計較這跟自己是否百分之百符合，重點是，我們每個人都要清楚地意識到你其實沒有多少時間陪伴父母。無論是這個「孝行執行委員會」收集來的五十五個小故事、我的故事、我英國朋友的故事，還是張瓊齡跟她母親的故事，都在說同一件事，那就是

如何從「現在」就開始對世上最重要的家人，做一些對我們來說可能很簡單，對他們來說卻

是很重要的事情。

目標量化：決定成為十個人的天使

花時間跟重要的家人、朋友相處，無論是我很不會訂定新年新希望的英國朋友，還是我自己，或是正在讀這一章節的你，都很可能把這一點列爲今年想要完成的十件事之一。但是大多數的人，雖然有很棒的目標（「多點時間跟家人相處」「對媽媽好一點」「不要跟家人吵架」……），但是這個目標一年後會失敗也是完全可以預期的。

原因很簡單，就像前面說過的：太籠統。

避免願望過於籠統其實很簡單，比如說我跟我的英國朋友討論之後，他把原本的願望：

多跟家人相處（對媽媽好一點）

改成了這樣：

計畫安排一場全家人統統參加的度假

因爲**願望變得具體了，看得見摸得著**，而不是很抽象的「對家人好一點」，如此一來，成功的機會，肯定就會大大增加。

至於我自己，也可以說得相當的具體：

我要多花時間跟重要的家人、朋友相處，目標是這一年內成為對十個人的生命有特別意義的人。

或許因為我知道自己的能力有限，無論我再多麼努力，使出渾身解數，也不可能讓每一個接觸到我的人都感受到我的誠意。從小我就是朋友很多的那種人，長年生活派駐在國外的我，也不可能隨時跟所有的親朋好友保持很深刻的聯繫，加上生性又嚴肅、又懶惰、又害羞（聽起來就是讓人搖頭、完全不可取的性格組合啊），絕對不會有事沒事打電話問候（基本上我在國外的時候，平均一年跟我個性獨立的父母通電話的次數，無論是他們打給我，或是我打給他們，頂多一年一次的程度，所以兄弟姊妹或是親戚朋友，就更不用說了），也不喜歡聊天（無論是坐下來喝咖啡聊天、或是在網路上私訊聊天，都覺得麻煩死了，時常見面的半小時前找奇怪的藉口突然取消），記憶力又很差，連自己的生日時常都記不得，更別說家人朋友的，頂多只能透過個人的臉書，甚至是在寫作中傳達我的關心。這樣一想，就算是臉書，只要我看到很多人留言祝壽星生日快樂，我也會縮回手指，因為覺得那麼多人都幫他祝賀，我也跟著祝賀的話一點都不特別，眞是該死的驕傲個性啊！但是反過來，如果那個人完全沒有親友在臉書上祝賀的話，我又會懷疑這個人肯定有什麼問題，才會都沒人關心，我也不應該跟這個人保持交往。

因爲對於自己這種要不得的性格缺陷，有著深刻的體認，所以我才會**決定把目標很量化的訂為，我這一年想要成為對十個人的生命有特別意義的人**。

我的英國朋友，他的十件事其中一件：

成爲領導有方的經理人，成爲更多年輕新進同事正面的榜樣。

其實與我也是很類似的願望，他希望能夠用自己的經驗幫助剛出社會的年輕人，親身作爲榜樣，這是很崇高的想法，他也很有可能會實現，但是同樣這個願望換成我來執行的話，可能就會跟提醒自己「今年少吃芒果、適可而止就好」一樣，根本是沒有效力的啊！

「極度個人化」的願望，的確是成功的重要關鍵。認為別人的新年新希望不錯，拿來借用，很難有好的效果。

我們有沒有能力關心陌生人

家人對我們的生命很重要，因此努力想要去改善關係，似乎是理所當然的事情。那麼如果只是朋友、同事，甚至只是素昧平生的陌生人呢？

「我究竟有沒有能力，去關心跟我沒有關係的人？」在踏入ＮＧＯ工作領域前，這是我問自己的問題。

即使我從事的是非營利性組織的工作，但如果我關心的對象，都是跟自己有關係的，還有什麼意義？就像很多醫療基金會、關懷協會，成立的初始不是因爲某個有錢人的家屬，得了某種特定疾病，或是遭遇了某些不幸，而是意識到社會上對於一些不幸、災難、弱勢族群的關心太少，於是聲嘶力竭、大聲疾呼。

作爲一個平凡人，我們心底難免會浮現這樣的疑惑：

「這很重要沒錯，但干我什麼事？」

「你以前不也都沒關心過，還不是因爲家人遇到了不幸才開始關心的，如果不是這樣，你會關注嗎？所以爲什麼你現在登高一呼，說這個多重要又多重要，我就得跟著付出關注？可不可以等到我自己也眞的遇到了，有需要再說？」

我心裡很清楚，如果這麼想的話，我應該沒有把自己稱之爲ＮＧＯ工作者的資格，因爲到頭來，每個人關心的其實還是「自己」，**如果沒有能力關心跟自己毫無關係的「別人」，這樣的慈善，無論是眼淚或笑容，都略嫌僵硬**。

這是我開始列表的開始，因爲我想要知道，我是不是有能力可以對一些人的生命帶來正面的影響，他們是誰，他們又在哪裡。最簡單的方法，就是**要求自己，每年要讓自己除了家人以外，至少能對十個人的生命產生意義。**

是否忘了謝謝一個人

人跟人的關係究竟是如何開始的，其實並不大重要，自然、愉快而和諧的關係固然美好，但是對於我們生命的重要天使要如何登場出現，並不是我們能夠預期的。

這位天使可能是一位醫院的護士，在醫生完全沒有想到你可能是腦膜炎時，適時提出懷疑，多做了一道檢查，救了你一命。

也可能是騎摩托車在雨天路上滑倒時，從騎樓衝出來的流氓，擋住向你直衝而來的巴士。

這些都是顯而易見的，還有哪些不容易被看見的天使呢？

假設你過了一段又長又好的人生之後，在天堂的入口，發現原來想進天堂，就像進出海關要填表，表格上有一張空白的清單，必須列出對你這輩子最重要的十個人。這時候，你會想到誰？

頭兩個人，或許是從小到大，養育你的父母？

然後可能是你的兄弟姊妹？

如果有結婚的話，另一半應該也在清單上吧？

當然，怎麼可以忘了自己的兒女呢？他們是你這輩子最大的驕傲啊。

因爲幸運地活到可以看到孫兒女長大，所以這些孫子輩是晚年心裡最大的寄託。

到這裡，可能十個空格已經不夠塡了，都還來不及提到啓蒙你智慧的老師，童年溺水時救你一命的陌生人，或是初出社會時帶你入行的業師，在人生最困難的時候對你伸出援手的人。

但是，就算這張清單塡到了二十個人，**你可能還是忘了一個人**，那就是在生命最後十年，每天二十四小時用生命陪伴你的外籍看護工，你忘了，她才是眞正每天都至少救了你一次的救命恩人，一天沒有她，你可能都沒有辦法自己活過另外一個二十四小時。

「但是，你是怎麼報恩的？」想像當天堂的海關人員，看著你的十個人名單，質疑你申報不實的時候，請問你要怎麼說？

她們的上場是充滿尷尬的。拿著兩口行李箱，謙卑、甚至有點畏縮地出現在你家的門口，要說這個人將會從此扮演你或是家人生命中多麼重要的角色，實在很難想像。

無論她來自菲律賓還是印尼，放棄自己的身分，接受了你或是仲介爲了方便隨便爲她取的新名字，丟下自己在家鄉的父母、愛人，還有年幼正是最需要母親陪伴的子女，飄洋過海來到宗教信仰、語言、文化、連吃的東西都不習慣的地方，從到達雇主家的第一小時開始，立刻就要在眾目睽睽下，「表演」換尿布、餵食、翻身、洗澡，同時接受這些業餘觀眾對專業演員的指指點點，演得好不好不重要，觀眾喜不喜歡才是重點。因爲觀眾是自認爲花了大錢買票來看戲的尊貴客人，並且像奧客一樣，演到任何一個橋段，都可以隨時打斷，更改劇情，重新來過，客人對的時候是對的，錯的時候也是對的，昨天明明這麼說的，今天反悔了也沒關係，反正永遠都是對的。

觀眾深夜散去以後，地上留下一地瓜子、果皮、垃圾，稱職的演員還要兼清潔工，下台來打掃，明天太陽升起來的時候，地板又要像新的一樣。但是打掃完，也沒有下班，因爲觀眾交代，就算沒有人的時候，也要一直演、不能停，要當作台下坐滿觀眾一樣，否則就是偷懶。

鋪了一張席子在病人的床邊，在硬地板上躺下，累得也顧不得鼻子可能就貼著廁所只有一步遠，立刻睡著了，但是一個晚上還要醒來無數次，因爲需要長期看護的病人，是一天二十四個小時都會有狀況的，要吃藥，要上廁所，要喝水，睡不著了要人陪，突然譫妄起來認不得看護，以爲是小偷揮舞枴杖要打，突然嘔吐了，突然要送到急診室了，從床上跌下來了，尿床失禁了，徹夜洗床單。

一直到你在天堂門口爲止，說不定長達十年。但是你完全忘了謝謝她。

在未來有一種共生的奇妙關係

塡表的時候，你壓根兒就沒有想到把「這個人」的名字放進這十個對你的生命最重要的人裡。實際上，當天堂的海關提醒你的時候，你才發現，這個對你的每一寸衰老病痛的裸體，瞭若指掌的人，你卻連「這個人」眞正的名字可能都不知道。

在生命最後那幾年，因爲病痛，你面臨了很多難堪、羞愧、髒汙、沒有尊嚴的片刻，你的兒女都不在場，他們就算知道也絕對沒有能力面對。還好有「這個人」，若無其事地幫你導尿，幫你擦沾滿軟便的屁股，幫你用熱毛巾擦拭發臭的私處，讓你漸漸地不再需要別人爲你代勞這些事情而難爲情，你們**建立起一種共生的奇妙關係**，是每個月付錢的家人所無法理解的。你清楚地知道要不是因爲有「這個人」，你是活不過今晚的，子女們斤斤計較付的錢本身，並沒有辦法幫你有尊嚴地活下去，只有「這個人」可以。

同時，「這個人」希望你能好好活下去，活久一點，無論你個性多麼讓人厭惡，要求多麼無理，或是因爲久病而變得多麼沮喪、易怒，她都像海綿一樣，把你釋放出來的所有負面能量，把這些毒素默默地吸進她嬌小的身軀當中，這樣她才可以每個月有錢寄回家給貧困的家人急用，或是爲未來回鄉以後的夢想存錢做準備。

可是無論是你，或是你的家人，都忘了感謝她，或是沒有意識到，「這個人」的地位在這個家裡其實有多麼重要。

如果你也同意，這樣不怎麼公道的話，請以家庭爲單位，讓我們從幾件簡單的事情上開始：

第一件事，請記得她真正的名字。如果不確定的話，主動問她，家人朋友其實都是怎麼叫她的。你可能會得到很意外的答案，這一個小動作，也可能會開啓你們之間一扇友善理解的窗口。做一點努力吧，世界上沒有一個外語名字，難到天天說一百次，還記不得的，「提拉米蘇」這麼莫名其妙的名字你都能記得，好萊塢明星、外國運動員，你統統都能朗朗上口，一個天天相處的人，你憑什麼說記不起來她的名字？雖然我們永遠不會成爲眞正的朋友，但是我們可以放下驕傲，學習讓彼此用朋友平等對待的心情來對待。

第二件事，請讓她得到足夠的休息。包括身體的休息，還有心理的休息。我知道她的合約可能寫著「自願」不放假，換取加班費，但這並不代表她必須要一天二十四小時待命，隨傳隨到，或是不配擁有自己的時間跟空間。身分調換的話，我們肯定不會讓任何一個雇主這樣對待我們。

她每個星期當然需要一些時間，或是獨處，或是去有故鄉同伴、食物的地方，週末跟全家一起去土雞城吃飯不能算，因爲她當然還是在工作，她需要有自己的時間，並不代表她不喜歡你跟這個家庭，將心比心，誰會想要週一到週五每天無止境的加班之後，週末還要跟老闆全家一起出去玩？

第三件事，請讓她可以隨時聯絡到家人，家人也可以聯絡到她，沒有憂慮。我知道她在合約上面註明「自願」一年、兩年不使用手機，但是這個世界上，除了少數選擇進入某些天主教修道院，決定終身與世隔絕不再走出修道院圍牆的信徒之外，你難道眞的認爲有任何現代人有這種「自願放棄手機」的願望嗎？工作中忍不住拿起手機看一下，你我都不敢說自己沒有這個習慣，尤其在工作無聊、苦悶的時候，臉書、LINE、噗浪，小小的螢幕像是一扇拯救心靈的窗口，痛苦的時候讓我們保持神智正常不至於發狂，孤立的時候向世界證明我們還活著，懷疑自己快要變成機器的時候證明我們還有思考能力和愛的能力，也有粉紅色的夢想，對於未來還有著值得期盼的事情，對許多外籍看護工而言，這是她們向世界證明自己還活著的唯一證據。

我們到外面餐廳用餐，商店購物，對於工作人員用手機也睜一隻眼、閉一隻眼，沒有人會只要路上經過商家看到有職員正在用手機上網，就立刻去投訴的吧？爲什麼對於看護工卻有雙重標準，嚴苛到這個地步呢？

第四件事，請不要再以為你已經付太多錢給她了。如果你眞的這麼想的話，請問付你同樣數目的錢，你願不願意用同樣的工作條件跟要求標準，做同樣的事情？或許你會說，「可是這在他們家鄉，已經可以買地蓋房子了。」那又怎樣？如果你眞心覺得這麼棒，要不要換你到台灣一個需要的家庭做個三年的全天候看護工，第一年的收入全數先付給仲介，然後身分證交給雇主，不用手機，全年無休，每天二十四小時待命，看護病人之外還要洗衣服、做飯、倒垃圾，晚上睡在地板上或是全家最小的房間，然後把第二年跟第三年存下來的錢去印尼鄉下的村子買一塊地、蓋一間房子，過一樣的生活？「這樣已經很好了。」這不是雇主的立場應該說的話。

然後，請把護照還給她。

我們沒有要討論移工的道德經濟學，也沒有要你參與倡議、立法去保護移工的權益，只是試著想想當天堂的海關問你：

「你是這樣對待你父母的救命恩人的嗎？」

你是不是已經準備好答案，而天堂的大門會爲你打開。

{未來共生的奇妙關係}

第 1 件事

請記住她真正的名字。

第 2 件事

請讓她得到足夠的休息。

第 3 件事

請讓她可以隨時聯絡到家人，
家人也可以聯絡她，沒有憂慮。

第 4 件事

請不要再以為你已經付太多錢
給她了。

如果我可以做得更多，就不要停止發展關係

我無論努力爲NGO領域做多少事，可能永遠也比不上外籍看護工那麼偉大。但是我願意試著當別人生命當中，不容易被看見，也沒有光環的那種天使。

每一年，我**試著當十個人生命當中的天使，至少是我可以努力的方向**。去年一年，我的清單當中，大致上是這樣的：

- 爲一個長年幫緬甸付出，自己卻因此欠債累累的社運工作者，在房租到期前夕，擔憂將因付不出房租被房東踢出去時，一口氣代繳半年的房租。
- 在台灣配一副遠近兩用的變焦眼鏡，送給一位已經很久沒有辦法清楚閱讀而苦惱的緬甸老師。
- 買兩支智慧型手機，一支送給在偏遠鄉下工作的社區工作者，讓他可以跟外界保持聯絡，另外一支用半價賣給剛起步的年輕NGO工作者，允許他無息無限期付款。
- 帶一個對於義式咖啡充滿好奇卻又不敢自己走進咖啡館的老先生，請他去喝生平第一杯卡布奇諾。

- 幫內戰中的克欽難民營，做一次小型的募款，補足緊急的臨時缺口。
- 幫助一群難民營工作的災後症候群諮商師，在身心俱疲、瀕臨崩潰的時候，找到專門為諮商師提供諮商的丹麥心理諮商專家。
- 以志工的身分，完成一個基金會多年的願望，採訪、撰寫、出版一本專門針對台灣的失智症家屬的居家照顧手冊，叫做《忘了》。
- 帶著這本書，請年假回台灣，到離島、偏鄉演講二十五場關於失智症觀念跟照顧的宣導，讓原本沒有辦法得到幫助的家庭照顧者能夠找到已經準備好向他們伸出援手的人，並且把演講所得部分捐給基金會。
- 將我在曼谷的公寓，繼續像往年一樣，無償提供給無論認識或不認識，有需要的NGO工作者免費住宿。
- 提供一位偏遠地區的農場工頭，一整年的手機上網預付卡費用，讓他在沒水沒電的地方，也可以跟外界保持聯絡。

其實，只要是舉手之勞，能夠做到的我都是很樂意的，比如說帶外籍看護工到有母語書籍的公立圖書館辦借書證件，在美國亞馬遜網路書店買專業書籍，送給渴望學習卻買不到、或買不起書的NGO工作者，或是帶大量英語書報雜誌，捐給偏遠地區的英文老師等等。

如果我可以做得更多，何必因為自己的目標設定十個人，因為已經「達標」而停止在十個人呢？

學習表達更多的愛

我想到朋友已經辭世的母親，在臨終的時候尋找到學生時代的舊情人，知道自己這輩子能夠擁有這樣的女兒、丈夫、舊情人、閨中密友，都在生命的最後一刻，心照不宣、不帶任何道德批判的眼光，一起來完成母親最後的心願，這是多麼無法想像的、偉大的愛。

這位母親一直到去世，一定不覺得自己是個不幸的女人，而是在優雅地、緩慢地迎接死亡的過程中，深深體認自己是一個非常幸福的人。相信這個故事裡面的每一個登場人物，也都這麼想。

這是爲什麼我檢視去年的十個名單裡，有一半是原本認識的朋友，有些卻是完全的陌生人。

老實說，如果我剛剛認識一個人，發現他的身邊竟然沒有什麼老朋友，只有新朋友的話，我會很難信任這個人。因爲一個不管爲了什麼原因竟然跟過去可以切割得乾乾淨淨的人，感覺上一定有著什麼問題。

當然，不同的文化環境，朋友之間的關係也會不同。

比如說我一些成年之後才搬到德國居住的朋友，一開始總是苦不堪言，覺得很難交到好朋友。

「因爲德國人只交三個朋友，一旦身邊有三個朋友以後，無論吃飯、度假、上夜店，做什麼都在一起，根本就不會再去交往別的新朋友了，像我們這種後來才出現的外國人，根本打不進去德國人緊密的小圈子啊！眞是煩死了。」我記得有個舊同事，曾經苦惱地這麼抱怨著。

相較起來，對於陌生人快熟，如果言語投機的話，才認識一天就推心置腹的加州人，那種熱情，恐怕也會讓謹慎擇友的德國人大喊吃不消。

至於在台灣，或許很多人沒有注意到家庭的外籍看護工，實際上是對這個家庭組成的每一個成員，意義都非常重大的人，如果沒有他們的存在，家裡需要長期照顧的病人可能因此不久於人世；或是家人也必須辭掉工作，全盤改變人生計畫，成爲全職的家庭照顧者，甚至考驗「久病無孝子」這句俗語的現實炎涼。

所以，我並不認爲在訂立今年要對哪十個人的生命產生重要的意義，怎麼樣才叫做有意義的？這件事眞正重要的，是**訓練我們學習妥善平衡「人際關係」的能力，還有「表達能力」，否則有再多的愛，卻表達不出來，或流於形式，那不是很痛苦嗎？**

說得太嚴肅了，母親說下次我要去北海道的話，她也要跟我去。下次、下次，隨口答應說來輕鬆，但是究竟是什麼時候呢？我認眞的開始計畫，在春末夏初的時候，一起搭著大阪出發的曙光號寢台列車，再帶她到北海道去看花。

今年
我跟人的
關係
要更好

本計畫重點整理

- ☐ 你很重要，世界需要你。
- ☐ 人與人之間的關係，可以透過各式各樣的方式拉近維繫。
- ☐ 讓一個人的夢想，變成一群人的夢想。
- ☐ 請把目標量化。
- ☐ 「極度個人化」是擬訂計畫成功的關鍵。
- ☐ 請不要忘了在未來，有一種共生的奇妙關係。

chapter 6

今年我要成為某種達人：增強專業能力

什麼都有，
什麼都可以做，
會讓人懷疑什麼
都做不好！

想一想這輩子
想要一直做下去，
就算不退休
也沒有關係。

一個動人的決定，做到死也真心喜歡

「很冒昧地請問，你是怎麼樣決定成爲現在的你呢？」仰光背包客旅館的早餐桌上，一個一九四六年出生，年紀肯定可以當我的父親足足有餘的日本伯伯，知道我在緬甸的工作內容後，眞誠地問。

於是我簡單地說了一遍我離開美國企業，一腳踏入ＮＧＯ的專業領域，選擇緬甸作爲我的場域，未來的我只要可以的話，十年、二十年後，我還想繼續做著現在所做的事情，因爲我眞心喜歡這個工作的故事。

聽完以後，已經退休四處旅行的奈良的伯伯，語重心長地嘆了一口氣：

「好讓人懷念的話啊！」

「咦？」我聽不懂他的意思。

「你剛才說的話，我已經好久好久沒有聽到了。好讓人懷念啊！」他微笑著說，「第二次世界大戰改變了日本，但你反倒像是戰前的日本人，戰後出生的人，已經沒有像你這樣的了。沒想到卻會在緬甸遇到一個像你這樣的人，眞的不可思議啊！」

雖然我們之前彼此不認識，但是我想我能夠理解他說的意思。他的朋友玉田先生比他年輕一截，聽了我們的對話後，忍不住也打開了話匣子，他告訴我他娶了一個上海姑娘，但中國妻子無論經過多少年，也無法喜歡在東京的生活，所以一直盤算著要回上海去，他雖然非常非常喜歡他在Emerson的工程師工作，但是萬一一家人分隔兩地，婚姻肯定就會破碎了，所以只好辭掉了工作，陪妻子搬到他並不喜歡的上海。如今孩子一個十六歲，另一個十二歲，都在上海的國際學校念書，精通中英日三國語言，大學打算到美國去繼續升學，感覺差不多是可以回到東京爲自己而活的時候了。他現在的旅行，就是離開上海慢慢回到東京的路上。

「如果可以的話，從現在開始十年之後，如果你還一直做著這樣的事情的話，我是不是可以請你到東京跟我的兩個孩子見面？我非常希望他們能夠在生命關鍵的時候，跟像你這樣的人當面說話。」

玉田先生說完，握著我的手深深鞠躬。「請你一定要保重身體。只要健康，我相信你剛才說的一切，統統可以做到。但是請好好照顧自己保持健康，否則說什麼都沒有用……」

我從來不知道，我的價值觀，原來在奈良老先生心目中，竟然像是讓他懷念的戰前時代的古人。也沒有想到，我自己只不過是順著性情做著喜歡的工作，竟然會感動一個爲家人犧牲自己的夢想，終於成功教育出兩個國際人的東京父親。

用「消去法」試試看

我不知道我做對了什麼，因爲大學念政治理論時，轉系到商學院的直屬學長好意警告我，趁能走的話趕快走，因爲世界上沒有任何一份工作，是規定非政治系出身不可的畢業生才能做的。但只要去應徵工作，就會知道有很多雇主，只要一聽到應徵者是政治系畢業的，就不想用了。那位學長，如今有著上十億的身價，但是他總是用羨慕的口吻說，如今我是他認識的人中，活得最爽的。

比起後來進NGO時被身邊眾親朋好友看衰的不堪言語，那個大學學長還算是溫和的。後來我不只非做NGO的工作，竟然還到戰亂沒有結束的緬甸毒品金三角進行農業計畫，身邊的阻力跟不解就又更大了。

但是因爲我放棄了一些一般人都能夠輕易理解的專業，選擇了一個無論怎麼說明也不大能夠讓人了解的專業，如今的我，成了一個比自己小時候想像中更酷的「阿北」。

爲了容易理解，我舉出一些在從事NGO工作以前曾經餵養過我這副皮囊的專業：

旅遊作家
雜誌編輯
廣播製作主持人（要自己上盤帶、控制錄音室的那種）
同步口譯
專校講師
廣告模特兒
法式餐廳經營者（結果被合夥人惡意倒閉）
談話性電視節目主持人
科技業專案經理
效率管理顧問

感覺包山包海，各行各業，好像在紐約中國城會看到的那種中西日韓餐大雜燴的餐館菜譜，無論其中哪一個，應該都是可以作爲一份事業，擺脫政治系畢業生的陰影，好好經營下去的人生。但是**我卻沒有繼續選擇任何一個，或許原因就正像是一本過於龐雜的餐館菜單，因為什麼都有，什麼都可以做，所以讓人懷疑其實這家館子什麼都做不好。**

說得好聽是興趣廣泛、多才多藝，實際上我只是一個不能夠好好下定決心，不知道自己要做什麼的人。所以我**能夠使用的，只有「消去法」**。

首先，**我要刪去讓我不快樂的事**。

雖然很多人不會同意，但是我內在的個性是比較好靜、害羞的，所以可以的話，我首先想刪除那些需要拋頭露面、讓我不能自由自在穿吊嘎跟藍白拖在夜市討價還價的工作，沒有什麼要比被陌生人在路上指指點點更不舒服的事了：

電視節目主持人：我不喜歡化妝，我的口才不好，我的長相平凡，但我眞正不喜歡的原因是主持現場節目，綁住了可以旅行的時間。決定了以後，我拜託一位女作家頂替我主持，從此因緣際會她就走上了螢光幕前，成了名嘴。每次在電視上看到她，都覺得欣慰，因爲她比我適合一百倍啊。

廣播：我趁著工作的電台調整編制的時候辭去工作，雖然我仍然喜歡技術的工作，喜歡錄音室的味道，但錄音室數位化後，已經沒有需要做我最喜歡的上盤帶跟手工剪接，所以告訴自己跟廣播的緣分盡了。爲了讓自己下定決心斷離，從此即使連上節目當來賓也一律拒絕。

廣告模特兒：我很清楚自己的條件，到處都有比我高比我帥比我積極或比我便宜的熱血青年，外形普通的我無論再怎麼拚命，頂多也只是個中低收入、替代性很高的無臉男。與其整天浪費時間到處試鏡，接受無數的拒絕跟很低的投資報酬率，不如趁早放下虛榮。下定決心後，趁著一個原本很照顧我、讓我不好意思拒絕的導演不幸病逝的機會，當機立斷，跟著從這個領域蒸發消失。

接著我想刪除無論再怎麼努力，因我的才能天分限制，會讓我做得很勉強，總是不如人，搞不好連中等水準都達不到的：

當全職作家：年輕時我一直很感謝有個前輩女作家直話直說的個性，當我出書十年以後，有一天她告訴我別傻了，還想著自己有一天會大器晚成，因爲如果會成也早就該成了，不會等十年還沒結果。我回家哭了一晚（此處爲誇飾法），可是我還是很喜歡寫作啊！我一輩子都想寫作啊！然後隔天早上我決定，我不能當全職作家沒關係，不是暢銷作家也沒關係，只要我能繼續寫得越來越好，也繼續有出版社願意包容我，就要繼續寫下去，但寫作永遠不會變成我的主業。

當編輯：我喜歡知道別人的生命故事，所以我喜歡採訪，也喜歡寫稿，卻不喜歡瑣碎的編務。不是因爲瑣碎，而是因爲我編輯能力不好，雖然喜歡，但結果只會拖累總編輯。於是我趁雜誌停刊，畫上編輯生活的句點。後來幾次被邀回擔任總編輯的職務，我總提醒自己能力不足，眞的想要回到有如中學時代物理、化學念得死去活來的生活嗎？對別人很簡單、輕鬆的工作，如果對我來說無論多麼努力都顯得很困難，那就是才能太低，舔舐傷口，接受、承認自己的弱點，開始新生活吧。

做生意：不懂得做生意，對做生意也沒有熱情，只是因爲被朋友說服，或不好意思拒絕（這兩種情形都超容易發生在腦波很弱的我身上），不應該是生涯規劃的好理由。既然失敗了，老實說也沒有內心激動不堪，迫不及待要另起爐灶的話，答案就已經很明顯了，不是嗎？

剩下的選項，只有四個，也都有長期發展的潛力（不像某些需要外表、或是實效性很短的工作），但是要作爲一輩子的事業，各自也都有些無法解決的難題：

同步口譯：雖然我很幸運地累積不少實務經驗，但比起接受多年專業口譯訓練的專業口譯者，我的功力實在太低了，如果要成爲專職的優秀口譯，應該起碼要跟我的同事一樣，痛下決心花幾年時間到加州的蒙特雷國際研究院（Monterey Institute of International Studies）好好去念一個翻譯和口譯的碩士課程，才對得起自己。

專校講師：雖然我很幸運地接受幾所專科學校一年一聘的講師聘書，但台灣的專校面臨頻繁的改制，對於講師的資格要求也越來越多，我不是一個符合教育部規定「專科以上學校教師資格」的老師，意味著要爲了繼續當講師，去進修我可能沒有興趣的課程，但這還無所謂，因爲我本來就喜歡學習各式各樣的新事物，可是我最不喜歡教書的是，同樣的事情要像留聲機那樣反覆講，而且還有不得不做的行政工作，也不能夠長時間地旅行，長此以往，可能不會太快樂。

科技業專案經理：所謂Project Manager的工作內容我很喜歡，也做得不錯。但對於公司經營（絕大多數私人企業，而不只是我服務的公司）只是爲了利潤極大化這件事情，整天埋在報表裡，沒有考慮除了賺錢以外的事情，跟我的個性有很大的差距。我希望能夠做對這個世界眞正有意義的事，不是只對一家企業有需要的事。

效率管理顧問：跟專案經理的工作一樣，我很喜歡從事效率管理顧問，也做得不錯。但我心裡總是有一個聲音，如果關心範圍能夠超越企業的CSR（社會企業責任），不是等賺了錢以後再用一部分賺來的錢，解決因爲企業作爲而引起的社會問題，而是能夠從解決社會問題的出發點，來設計能夠賺錢的企業，不要總是只在補破網、切割可以做公關的機會，那該有多好？

不是挑最好，也不是賺最多，而是這輩子想要一直做下去

現在的我，專業是一個專門在開發中國家訓練草根公民社會團體，如何有效參與跟監督國際金融組織事務的資深訓練者，其實就是從最後剩下的「專案經理」跟「管理顧問」兩項當中，因爲產生越來越多對於這些我喜歡做、也做得好的工作，但是缺乏社會公義元素的疑問，蛻變而來的。

這樣的我，好像在花園夜市賣沙威瑪的中東人，因爲我只有一種東西可以賣，所以跟什麼都有的滷味攤比較起來大部分的時間總是冷冷清清，絕對不能靠因爲好奇只吃一次看看的那類人，也永遠比不上因爲有正妹穿得很清涼而吸引人大排長龍的豆花攤，但正因爲我賣的東西在整個偌大的夜市只有我有，所以**只要專心把這一道菜做好，我每天勤懇地按時出現，貨真價實，自然會有非常想吃的那幾個人固定來購買**，簡單來說，就是好像又回到了充滿陰影的政治系辦公室。

但是經過這番談話，我想在「職涯」這條讓許多人苦惱的路上，大概是做對了一些什麼，或許我眞做出了一個有點動人的決定。

那個決定叫做「專心」。在某一年，**我決定工作不要只因為「我能做」**，這是爲什麼我什麼都做過一點，**但到最後，我並不是挑一項我做得最好的，也不是挑錢賺得最多的，而是這輩子想要一直做下去，永遠不退休也沒有關係的事情**。

因為夢想是用來實現的，不是用來破碎的

最後變成這樣，因爲我相信，**夢想是用來實現的，不是用來破碎的**。

但如果夢想總是無法變成現實，一次又一次破碎以後，就像每每好不容易開始癒合的傷口，總是在結痂的時候，又被割得皮開肉綻，重複久了，因爲怕痛，自然而然就不再作夢了，把這樣的錯誤嘗試，當成是成長的一部分，這眞是令人難過。

沒有人說成長一定要皮破血流，我自己就是一個成長逐夢過程當中，沒有什麼太大傷口的人，許多人都說我眞是幸運。我也覺得自己非常幸運，實際上，**每天都提醒自己是個多麼幸運的傢伙，但我之所以那麼好運的原因，不見得是因為向宇宙下訂單，心想事成，要什麼有什麼，而是因為我把夢想當作照顧花圃般的勞力工作**。

沒有得到照顧，或是照顧方法不周的花圃，自然不會有美好的結果，噴灑農藥、大量施

用化學肥料，所得到的結果，也總比不上有機的果實甜美，雖然可能我的果子有點蟲孔，也有點小，賣相不佳，但對我的人生來說，卻是很健康、可以永續下去的選擇。

拿學習語言當作例子吧！許多來自韓國、台灣、中國填鴨教育下的學生，爲了出國念書而花大錢去補習托福。補托福學習的不是語言，而是如何死背許多冷僻的單字，學習搞不好連托福的命題老師都無法想像的猜題、得分技巧。這過程就等於在貧瘠的土地上大量施用化學肥料，讓農作物跟土壤本身的特性斷了關係，結果就算得到了令人驚異的高分，也不見得就是學好了英文。勉強上了常春藤名校，上課卻聽不懂，也無法跟同學做小組討論，每天都爲作業所苦，只好過著每天跟同鄉的學長姊借筆記，付費請當地學生代寫功課的羞恥生活，完全不是想像中美好的夢想實現。就像長期使用化學肥料的土地，落入一日沒有繼續施人工肥料，就無法結出果實的惡性循環，終有一天，這塊土地自身的力量會被完全毀滅。

所以，**如果能先好好去了解自己的程度，也就是知道這塊土地最適合栽種什麼，找到自己的特色**，然後有效率地去栽種這塊土地能夠好好生長的植物，不能種稻米的山坡，或許能夠長出美麗的蝶豆。

真正的效率，不是扣釦子從下往上只要三秒鐘（因爲從上往下扣要花七秒鐘），**而是花時間去餵養、豐富生命，做真正想做、値得做的事，讓今天的自己，比昨天的自己更好。**

今年的每一天都能這麼做的話，**今年的自己，無論如何，也一定會比去年的自己更好，這才是重點！**每一年都能這麼做的話，當然會變成一個越來越好，自己越來越喜歡的人，只要做對夢想，就沒有不能實現的理由。

作爲自己夢想花圃的農夫，你做對了嗎？

不要做個讓人生氣的「證照達人」

我有一個在這之前從來沒有跟人說過的困擾。

不能說的原因是，如果我講出來，可能會讓人誤會我是個心胸狹窄的人。如果不說的話，肚子裡又有一把火無法澆熄。想一想，我還是當心胸狹窄的人好了。

這件事情其實跟我一點關係也沒有。有個從來沒有見過面的（前）臉書友，最多每隔兩三天就會重複分享自己同樣幾則ＰＯ文，讓人不勝其擾，一開始我試著忽視，但是久而久之，已經到了精神折磨的地步。

其中一則是他在郵輪上掙扎著游完短短十公尺游泳池的影片。當我其他臉書友很多都是三鐵選手，或是把泳渡日月潭當作普通的晨間運動時，一個身體健康、頭腦清晰，在台灣島嶼生長而不是撒哈拉沙漠的男人，每隔兩天就誇耀自己可以游十公尺，實在讓人不知道意義在哪裡。

我之所以知道他身體健康，頭腦清晰，是因爲每個禮拜固定要出現好幾次的，有他智商一一四的證明，還有常備役體位的證明。

不只這樣，我還知道他會中文。爲什麼呢？因爲每幾個小時，他還會重新PO一次他中文檢定高等的合格證書，看得我實在快要抓狂了。就在這時，這位（前）臉書友在動態發布了這樣的聲明：

（1）我在××郵輪上面游泳池游泳的影片，（2）智商一百一十四的證明，（3）常備役體位的證明，（4）中文檢定高等（優等）合格證書等等……會不定時的浮出水面，請大家見諒，謝謝……不喜歡的請勿加入朋友。

看了以後，我好像得到大赦解脫，立刻就刪除了。因爲眞的快被逼瘋了啊！一開始我會特別在幾千個臉書友當中注意到這個人，是因爲他自稱是有超過兩百多張證照的證照達人，想要申請教育部「技職之光」的「技職傑出獎——證照達人」獎項。

認識我的人都知道，我對於在高度迷信學歷的台灣社會下，勇敢選擇技職教育並且引以爲榮的人，有著很高的敬意。拜這位臉書友之賜，我知道原來政府爲了鼓勵技職院校師生，所以設了「技職之光」獎項，包括獲得國際性技藝能競賽卓越表現及獎項的「競賽卓越獎」，還有鼓勵發明展得獎、專利取得、技轉或於特定專業領域有傑出表現者的「技職傑出獎」。

但是「專業證照取得」作爲技職傑出的獎項之一，卻讓我非常疑惑。

根據這位朋友在臉書上所說，這個獎項同種類的證照只取最高等級的證照，所以兩百多張證照中「只有」一百多張被技職之光承認，但是不只如此，教育部另外還規定，「擇優證照」門檻：三十張。這三十張最高等級的證照，都要跟自己所讀的科系相關，目前還差十二張，因爲他讀的是金融，問題是就算將全部的金融證照考完也不到三十種，所以還要考ＴＱＣ（ＴＱＣ是財團法人中華民國電腦技能基金會針對企業用才需求，所提出來的一項整合性企業人才技能認證，也是坊間各大電腦補習班的最愛）相關的財金證照去「湊」滿三十張擇優證照，才能去參選「技職之光」。

說到這裡，還不覺得怪的人，應該非常能夠適應台灣官方的邏輯吧！

獲得第七屆「技職之光」的技職體系學生，因爲半年多來考取三十四張國際證照而得獎，接受記者採訪時他說：

「當初只是想考取職業有關的證照，想不到愈考愈順手，累積越來越多國際證照。」

教育部透過技職之光鼓吹技職學生變成證照達人，好像加持「沒人罩，也要有證照！」

這句補習班的廣告詞。不斷推出新證照，帶來整個證照產業的興旺，也帶來年輕人跟家長的不安，看到許多台灣年輕人被證照追著跑的狼狽相，我的心裡有說不出的難過。

問題是擁有一抽屜的證照眞的就是就業的保證嗎？老實說，大多數普級的認證，根本不符合業界的實務需求，辛苦通過的證照最後只淪爲裝飾品，並不是很多人想像中就業的保證，毅然選擇技職體系的人，卻淪入各種考試的漩渦。爲了學生就業，各技職院校都卯足全力在推動證照，有的學校將證照列爲畢業門檻，甚至提供高額的獎勵金，有學生還把考證照當成理財活動，而不是將時間、精力花在加強自己的專業實力與技術學養，那何必選擇技職教育？

國際證照考試費用很驚人，動輒數百美元，沒考過要重來，爲了三十張最高級的證照門檻，可能要累積一百多張普級、中級的證照才行，還不見得每考必過，所以全部的報名費、參考書的費用、補習費，加起來輕易就上百萬，以台灣人到大陸考照，整個不能退費的「考試仲介費」爲例，一次就要十幾萬，套餐價格包括講義、考古題、機票、住宿，考完後還順便當地旅遊，但是請問有幾個人花了大錢去考照的，眞的拿著證照前往中國大陸發展？眞的去了中國大陸的專業工作者，又有幾個人在當地考證照？

當我問一個去考試的人，那他為什麼還要去考，我聽到的答案千篇一律：

「我也不知道。覺得考起來比較安心。」

在台灣的技職院校，約有四成多學生的家庭年收入在五十萬元以下，本來就屬於經濟相對弱勢族群，有些證照考試僅以幾十題測驗題決定，死背題庫之後就可通過，不但對就業並無多大幫助，搞不好還浪費資源、越來越窮。

不信的話，請想想社會上有沒有聽說過台灣有哪個有錢人是證照達人。

致理技術學院校長說得好，**「考證照前先做職涯規劃吧！先弄清楚就業目標**，例如想去高雄，總不能因爲去基隆的車票比較便宜、較易抵達，就買往基隆的車票吧，那永遠到達不了目的地。」

我的工作，需要我在中南半島各地辦理許多訓練課程，我也不時聽到學員提出「上完課有沒有發結業證書？」「有沒有證照？」這樣的要求，我都會聯想到我一個教育心理系出身的朋友，他曾經參加被公認是敘事治療的權威大師Michael White辦的工作坊，當在休息時間被參加者問到有沒有執照可以拿時，大師很詫異地說：「頂多只有結業證書，我們不發執照的。」因爲他說在這個時代，我們不應該想著「專家化」，因爲當我有權發給你執照時，我們之間的權力位置就已經不平等了，好像在說，只有我做的，才是對的，很容易變成一種傲慢和權力控制的工具，**身為專業工作者、訓練者，更應該小心使用我們的權力，盡量避免壓**

迫到他人。

如果正確答案永遠只有一個，人在社會生存多麼痛苦？會游泳要用影片證明，健康要用體位檢定證明，為了怕人家以為自己不夠聰明所以智商也要證明，會中文要用檢定考證明，有沒有專業也不是用行動來證明，而是用證照。

用證照來取代一個人的專業價值，這個社會會變成什麼樣子？**在多元價值社會下，專業應該是人性的，專業度，應該是經驗加知識的總量。而不是「紙筆化」「執照化」的那種專業。**

虛胖的網路批評，只會暴露自己什麼都不懂

如果有經驗卻沒有足夠的知識，就像一個慣行農法的農夫。永遠按照著時序除草，除蟲，施肥，但是從來沒有想過，是不是一定要跟種子公司購買F1（第一代雜交種）或是GM（基因改造）的種子來種植？是不是一定要除草？是不是一定要噴殺蟲劑？是不是一定要施用化學氮肥？因為說不出一個道理，所以只敢一直遵循著已知的方式年復一年繼續下去，而不是做最佳、最適的決定。這樣的農夫，沒有人能說他沒有經驗。但是許多農家之所

以貧窮，不完全是因爲務農必然的結果，而是**因為自己不求知、害怕改變造成的**。

相反的，**有知識卻沒有足夠的「直接經驗」，會讓人很容易變成理論派的專家**，我說的不僅僅是關在象牙塔的農業教授，在糧食安全的國際研討會上講得頭頭是道，但是卻不曉得如何在自家的陽台上，運用樸門農藝的基本原則，用廚房家庭的灰水親自成功種出一棵結實纍纍的香蕉樹。

「間接經驗」造成的「虛胖」現象，在網路時代特別明顯，無論發生什麼問題，無論是某個大學教授所翻譯的英文作品不夠好，還是還沒有炸過的印尼蝦餅像塑膠一樣硬，所有的媒體跟網民，都頭頭是道，可以義憤填膺說個沒完，好像什麼都懂，什麼都有意見，但是其實自己一點經驗都沒有。

最好的例子，就是前一陣子誹謗罪的新聞，事情是有位住在桃園的吳姓年輕男子購買一本日本翻譯小說，閱讀後以專家的姿態，在部落格網站批評譯者亂翻譯，三度上網指責「看那翻譯你絕對會瘋掉！」「翻譯者回家吃自己算了」「亂翻沒有整體感就算了」「是不是用GOOGLE翻譯的?」「這本書就去吃屎吧！」等評論，造成譯者莫大的精神壓力因此提告，檢察官調查時，他坦承上網批評這本小說的翻譯錯誤問題，表示自己接觸日文有五年時間，有一般的聽說讀寫程度，直指翻譯內容有一百二十二個錯誤，翻譯品質差，造成他閱讀的不愉快，才上網發表這些文章。結果檢方當庭要吳男閱讀小說的日文原版，他卻無法朗讀。最後檢方認爲，被告的日文程度顯然無法判斷翻譯內容是否正確，結果將他依加重誹謗罪嫌起訴。

或許這是爲什麼，我喜歡像日本農業檢定這樣的證照，因爲三級之中，第三級只需要有興趣，沒有經驗也可以報考。第二級除了學科、術科的考試之外（術科要考農機具使用等等的現場技術），還需要有一年以上的實務經驗。如果想報考第一級，則至少要有兩年以上務農的經驗，每年都吸引將近兩萬人來參加，就是一張知識跟經驗能夠緊密結合的證照，只是爲了收集證照的人，應該不會願意「浪費」兩年的時間務農吧？

嗜好與專業完全不同

為了要增加專業度，就要清楚地知道哪些精力是值得花的。比如說在一個辦公室裡，跟上司關係好的員工，整天都很涼沒什麼事做，主要的上班時間不是花在上網就是團購；可是跟上司沒有特別關係的員工，待辦事項卻堆得像一座小山一樣。你會選擇當哪一種員工？

如果時常跟上司應酬，逢迎拍馬，每個週末不能好好休息，不能陪伴家人，或做自己想做的事情，總得假裝興致勃勃地一起去打高爾夫球，不但要去上司家接送，而且還得故意打輸，一點趣味都沒有，早出晚歸，唯唯諾諾，聽他講了一萬次的輝煌歷史，還要假裝是第一次聽到一樣，饒富興味，其實心裡恨不得掐死這個豬頭白癡，雖然好處是可以因此輕鬆上班，說不定什麼都不做還會加薪、升職，但專業度卻一分一毫也不會增加。

在這個情形下，我會選擇讓工作都堆到我的辦公桌面前。因爲接觸越多的工作，無論是重要的或是瑣碎的，都會成爲讓我變得更專業的「直接經驗」，無論未來誰擔任上司，或是到別的職場去工作，這些直接經驗都會累積成爲有價值的專業資產。

如果想要別人尊重自己的專業，就一定要先看重自己的本業。如果把跟老闆打球、吃飯當作本業來做，專業職務卻當作副業，別說無法讓同儕、上司尊重，相信連自己都會厭惡自己吧？

美國泳將「飛魚」菲爾普斯（Michael Fred Phelps II）的奧運生涯在北京奧運劃下句點，成爲史上贏得最多奧運獎牌的選手，退休時才二十七歲。日本足球界的金童中田英壽，二十九歲時突然退休，都在事業巔峰宣布退休，一個想改行打高爾夫球，另一個過起雲遊四海旅行的日子。

被媒體問到爲什麼要退休的問題時，菲爾普斯回答：

「逐漸長大後，我告訴自己不想在三十歲後還游泳，現在游泳是更困難了，我的身體已與以前不同了，我也無法很快地恢復，還有些日子我不想起床。但在我高掛泳衣、泳帽、蛙鏡時，我想說的是『我已經做了我想做的每件事情』。」

如果你還沒有像菲爾普斯那樣完成了想做的每一件事情，準備好從職場退休的話，「我是一個游泳選手，現在究竟是在練習泳技，還是在打高爾夫球？」則是一個你應該要回答自己的問題。

游泳選手練習高爾夫球，這不叫做「自我投資」，因爲在專業上沒有任何價值。游泳選手打高爾夫球，當然沒有什麼不可以，那叫做「嗜好」，既然是嗜好，就必須要有興趣才行。絕對沒有人認爲一個游泳選手，應該爲了討好裁判，而把每天原本拿來練習游泳的珍貴時間，拿來陪裁判打自己一點都沒有興趣的高爾夫球，因爲最後在賽事中，裁判喜不喜歡你，跟判定誰是游泳冠軍，當然是兩件毫不相干的事。如果沒有看清楚這點，就會慢慢成爲一個自己也覺得面目可憎的人。

找到一件讓人生著迷的事

我個人相信，無論「本業」是不是能夠掙大錢，都應該要看重自己的本業。即使投資、資產運用，像是投資一間頂樓加蓋的公寓，隔間分成十間雅房後，租給附近的大學生，當所謂的「包租公」「包租婆」收租金，結果租金的收入，意外地比每天辛苦上班的「本業」所得更多，也不代表本業不重要。

幾年前曾經有個苦惱的母親來找過我，告訴我她的兒子從小就一直夢想著要考音樂系，成爲音樂家。並非當家長的不贊成，而是家裡經濟情況確實不允許，不單無法負擔學習樂器的高昂學費，由於不幸負債累累，家裡這個獨子最好早點畢業，有個一技之長，能夠很快開始幫助家裡還債。

「喜歡的事情，如果變成工作就不喜歡了的話，那多麼可惜！」面對充滿罪惡感的這位母親，我依稀記得當時是這麼說的，「只要妳能夠繼續鼓勵他把音樂一直當成一輩子都喜歡的事情，說不定能夠比爲了考試而練習樂器、爲了餬口而進管弦樂團更快樂呢？」

雖然我嘴裡這麼說，心裡並沒有什麼把握。

我之所以會這麼說的原因，單純是因爲想到自己當年如果決定把喜歡的寫作變成主要的工作，我的生活圈子、我的視野，是不是因此會比現在以國際NGO爲主的人生狹窄許多？如果當年，我把熟悉的文字工作，無論是採編、翻譯，還是寫劇本，當成是唯一的收入來源，那麼我還會像今天一樣那麼喜歡寫作嗎？

我一直相信，找到一件讓自己人生著迷的事，比找到一件能讓自己發達掙大錢的事，更有價值。

幾年之後，我又見到了這位母親。她安慰地告訴我家庭的近況，聽話的兒子不甘不願地選擇了實用的理工科系，大學畢業以後，果然很順理成章地找到一家外商科技公司的工作，穩定地成了上班族。

雖然沒有成爲音樂家，但這個如今已經是十足大人的兒子，卻也沒有因此放棄自己的夢想，晚上下班以後的時間，總是泡在大學社團的國樂社擔任指導老師，樂此不疲。

「我兒子現在的口頭禪是：『我在科技公司是兼差的副業，在國樂社當指導老師才是我的本業。』」

她說完，我們都忍不住大笑起來。

跟過去在美國當上班族的日子比較起來，如今身爲一個ＮＧＯ工作者，我的收入並不豐厚，原本寫作的一些微薄收入，竟然不知不覺超過了我在ＮＧＯ全職工作的薪水。絕對不是因爲我的稿費比人家高（不信問刊登我專欄的報紙編輯就知道了），也不是因爲我的書越來越暢銷，而是因爲我在國際ＮＧＯ的薪水相較起來相當微薄，還時常忍不住將薪水拿出很大一部分來，無條件資助其他比我處境更困難、但是做得比我更好的在地ＮＧＯ工作者。

所以如果就收入來說，寫作是主業，ＮＧＯ工作是副業才對，但在我生活的優先順序上來說，我非常確定，ＮＧＯ才是我的正職，寫作是副業，但是無論主副，兩者都是我十分喜愛的工作，只要環境許可就會這麼一直繼續進行下去。

所以我完全能夠理解，這位白天上班，晚上帶社團的年輕人的心情。

主業，副業，誰是老大？

也不只是我，跟這個喜歡音樂卻念不成音樂系的年輕人一樣，只要在日本或台灣，問到任何一個受到鹽見直紀所率先提倡「半農半Ｘ」生活方式感動的新農民，都會理直氣壯地告訴你，雖然務農的時間可能少於平常上班的時間，或務農所得的收入遠少於另外一個身分的收入，但「農人」才是他真正自我認同的身分。

如果只有少數幾個例子，你可以說我們是不食人間煙火的怪人，但是如果連跨國大企業也是如此呢？

許多人可能在看到二〇一二年日本索尼（SONY）公司的財務報表時，認爲這家爲世界帶來Walkman隨身聽、PlayStation遊戲機，跟高畫質電視的電器產品公司，終於扭轉了連年虧損的命運，轉虧爲盈。

但實際上，並沒有很多人注意到，這些盈餘，其實有百分之六十三全靠著索尼在日本經營的保險公司賺錢，舉凡壽險、汽車險、醫療險都無往不利。索尼公司靠保險業賺錢已經連續十年了，這十年來已經爲索尼賺進超過九億美金，至於電器公司的本業，在這同期十年中，卻虧損了八億五千萬美元。

甚至早在這一波的低迷之前，索尼在投資電影跟流行音樂上的收入，也一直遠高於科技產品的獲利，過去十年來，從電影「蜘蛛人」到馬友友的大提琴CD，一共幫索尼賺進了七億美金。從投資銀行業者的角度來看，索尼要不然就專心經營保險業，否則做電影、做唱片也都不錯，最好是把電氣用品這塊整個捨棄，但是，作爲消費者的我們無論如何，恐怕都無法把索尼公司當成一間兼賣電器的保險公司吧？無論它的保險部門有多麼掙錢也無法改變我們的想法。

如果副業能夠比主業收入更多，讓我們把想要一輩子好好經營下去的主業做得更好，那又有什麼關係呢？為什麼一定要用賺多少錢來決定誰是老大？這就又好像傳統家庭「男主外、女主內」的分工關係，慢慢地越來越多的性別教育也開始讓我們學會思考，是不是賺錢的地位就比較高？至於無法用現金價值計算的「家庭主婦」是否價值就等於「零」，地位就應該較低？如果兩人的社會角色對調呢？

我只能說，像我這樣，**能夠不在乎世俗的標籤、評價，理直氣壯地把主業當副業，副業變成主業的人，是非常幸運的**，作爲一家其實靠賣保險維持家計的電器公司，索尼也可說是非常幸運。不過就像我常跟朋友鼓吹的，**無論「幸運」或是「好命」，其實跟現實的關係本來就不大，只跟「自我認定」有關係。自己覺得過著很棒人生的人，自然而然會讓別人羨慕**。眞正讓人羨慕的，不是他們所做的事本身，而是那份熱愛。能夠把熱愛的工作當成主業，得心應手的工作當成副業，應該算是工作人生的超完美組合吧？

或許我不是第一名的料，漸漸長大以後，我能夠接受這個事實，但是我不是一個不學習的人，**就算我是最後一名，我也要當一個不放棄學習的最後一名。**

我不需要用別人的失敗來安慰自己。

「啊！反正還有人比我差。」這種想法，在小學二年級以後，就不應該再出現了。

取而代之的，應該是像這樣的想法：

「無論如何，我總是比昨天的自己更好！」

專業真正的定義，並不是有多少證書、執照，英檢幾級，智商多少分，公務員幾級，而是**專心的一直去做會讓自己變成一個「自己喜歡的那個人」的事情，並且別忘了欣賞沿路的風景，不因為注視天上星光之故，而踩壞了腳下的玫瑰花朵。**

今年我要成為某種**達人**：增強專業能力

本計畫重點整理

- ☐ 工作不要只因為「我能做」，不是做得最好的，也不是挑賺錢最多的，而是這輩子想要一直做下去的。
- ☐ 先好好了解自己的程度，找到自己的特色。
- ☐ 今年的自己，一定會比去年的自己更好。
- ☐ 身為專業工作者，要小心使用我們的權力。
- ☐ 如果想要別人尊重自己的專業，就一定要先看重自己的本業。
- ☐ 找到一件讓自己人生著迷的事，比找到一件讓自己賺大錢的事更有意義。
- ☐ 做個不放棄學習的人。

chapter 7

今年我要改變一個壞習慣：對，一個就好！

不要再給自己
合理化的藉口了！

一次想改掉十個壞習慣，
就好像同時想學十種不同的語言，
不只沒有效果，
連原本的好東西都會一併放棄。

真的永遠改變不了嗎？

我在緬甸的同事又在戒菸了。

我之所以說「又」，是因爲他今年已經至少戒菸四次了，每次都失敗。

「我已經戒第三天了吔！」他很得意地說。

「喔。」我的頭連抬也沒抬，繼續在辦公桌上裝忙。

「你怎麼沒有鼓勵我？」

我只好放下手邊正在做的事情，嘆了一口氣：

「因爲你的戒菸根本沒有用啊！只是讓你更想抽菸而已。」

我的同事覺得我潑他冷水，我只好把我之前從來沒說過的眞正想法全盤說出來。

「你每次戒菸，就是從本來一天兩包，突然變成一根都不抽。結果整天你心神不寧，唯一想著的事情，除了抽菸還是抽菸。」

「難道你不覺得，這種事情就是要有決心，說斷就斷，要靠意志力嗎？」他覺得忿忿不平，「難道你不相信我的意志力？」

「不是這樣，我只是寧可你一開始每天減半，每根菸分兩次抽，每次抽一半就好，然後慢慢減少，一直到最後一天一根也不想抽爲止。」

「你又不抽菸，知道個什麼！」同事不服氣，「你看著吧！」

結果隔天早上，果然看到他一臉愧疚地向另一個抽菸的同事要根菸抽起來了，當他迎接我的眼神時，立刻辯解：

「我是因爲今天壓力大。」

對啦！最好是。因爲接下來幾天，他就完全沒有再提過戒菸這件事情了，好像完全沒發生過一樣，跟過去幾次如出一轍，我也繼續裝著沒看到。

不要再給合理化的藉口了：我就是這樣啊！

雖然我不抽菸，但是我也有一些壞習慣。其中之一，就是忘東忘西。

「健忘怎麼能算是壞習慣呢？」你可能會說。

但是就像許多美國人硬把非遺傳、非疾病的肥胖，說成是殘障，還因此可以拿殘障手冊，說我沒同情心也沒關係，但是我無論如何也不會同意這種說法。

健忘也一樣。當然有些人比較容易忘記東西，就像有些人吃東西比較容易胖一樣，我是完全可以理解的。但是我並不認爲，我應該接受「我就是這樣啊！」然後繼續到處忘記東西，繼續發胖。

因爲我相信，**即使是有點先天不良的我，不需要跟其他人比較，今年的我當然可以比去年的我更不健忘，就像想要減肥的人，當然可以讓今年的自己比去年的自己瘦，只要是跟自己比較，沒有人想成為是輸家。**

比如增加記憶力，不要丟失東西，就是我的罩門，但是我也知道，無論我吃多少銀杏，也不會眞的有所幫助。所以我的選擇其實很簡單：要不是接受我整天丟錢包、鑰匙的習慣，重辦所有證件跟卡片，請鎖匠換鎖的日子，就是改變現狀，變成一個不會輕易忘記東西的人。

我一個朋友教我一個口訣「伸手要錢」：「身」分證，「手」機，「鑰」匙，「錢」包。我努力記得這個口訣以後，再也沒有發生到了國內機場要check-in才發現沒有身分證，或是上了高鐵才發現手機還留在候車室充電，出門的時候在玄關穿鞋，結果鑰匙忘記從門上拔下來就出門，或是搭了計程車下車付錢後，就把錢包留在座位上的慘劇。

我的行動，就是強迫記憶力不好的自己，記得一個口訣，並且用這個口訣隨時提醒自己，直到我遺失東西的比例大幅降低爲止。

現在的我，雖然記憶力還是相當糟糕，有時候跟朋友聊天的時候，明明自己開始的話題，但是對方回答我以後，我就已經忘了我們在講什麼主題了。即使記憶力差得驚人，最近兩三年來，我確實從來一次也沒有遺失過身分證、駕照、鑰匙、手機，或是錢包這幾樣東西，認識我夠久的人，都確實感覺到我丟失東西的次數，比起往年要減少許多，這點算不上成就的成就，讓我相當自豪。

自豪的並不是因爲我很少遺失東西——因爲實際上，除了那五樣東西之外，我別的幾乎都找不到，但是這又是另外一回事了，我自豪的是，我終於找到一個有效的方法，克服了一個長期困擾我的弱點，而不是立刻開始吃銀杏、去拜拜許願、或是開始相信自己的腦子有問題。

減少了一個壞習慣以後，我很有成就感，迫不及待要去除其他壞習慣，仔細一列，雖然我這個人不壞，但是讓自己討厭的壞習慣還眞不少：

晚上捨不得睡覺

表面平靜其實超容易激動

有潔癖卻不愛打掃

上網時間太長

買書報雜誌的速度根本趕不上看書的速度

黑咖啡喝太多（至少一日十杯）

衣服明明很多卻總是穿同樣那幾件不合身的

因爲討厭社交，常常答應了跟人見面，最後一秒卻藉故取消

除了在日本，去哪裡幾乎都會遲到

……

不要想一次改掉十個壞習慣，不可能！

一旦詳列出來以後，我並沒有像原本想像那樣，充滿了動力想要改變，相反的，因為發現自己的壞習慣還真不少，以至於陷入沮喪之中，反而什麼都不想做了。

這是個奇妙的自我發現。

我仔細想一想，一次想要改掉十個壞習慣，就好像同時間想學十種不同的語言，不只沒有效果，恐怕還會因為灰心、挫折，而乾脆連原本有的好東西都一併放棄。

那該怎麼辦呢？

經過一陣上網搜尋，我決定試圖求助於號稱可以七分鐘起激勵作用Michael Pantalon教授的「立即影響法（Instance Influence）」，問自己六個簡單的問題：

步驟一：如果我有可能想改變，那是爲什麼？

步驟二：我有多想改變？以一至十來表示，一代表「一點也不想」，十代表「百分之百想」。

步驟三：我怎麼沒選擇更低的分數？

步驟四：想像我已經改變了，那會有什麼正面的結果？

步驟五：這些結果爲什麼對我來說很重要？

步驟六：如果有下一步，那會是什麼？

結果當然是，還沒有開始，我就又爲了這件事花太多時間上網（竟然花了三個多小時才找到這個七分鐘可以改變壞習慣的方法），一直弄到半夜四點鐘，而且忍不住又多買了書，同時不知不覺喝了三杯咖啡，覺得隔天早上實在爬不起來，所以硬是取消了一個月前就已經跟朋友約好的早餐聚會，簡直是爲了要去除壞習慣，而把所有的壞習慣全都引虎出柙，讓我再度陷入自我厭惡的漩渦中（泣）。

原來，**壞習慣不能想要一步登天瞬間改掉，也不能想要一口氣同時改十個**。

所以我說，**如果真的要改變自己的壞習慣的話，今年選一個就好了**。你可能會覺得這樣太少，微不足道，但是實際上如果今年能夠好好改掉一個已經困擾自己多年的壞習慣，其實已經是很大的成就了。

你也可以當自己的馴獸師

家裡有養過狗的主人應該都知道，狗的好習慣是需要養成的，這包括不隨地便溺，不護食，在外頭不離開主人視線，不亂咬傢俱或垃圾，不上主人床睡覺等等。

一旦主人不忍心，讓狗開始上床跟主人一起睡覺，或是抱著無所謂的態度，任由狗對外人吠叫，就很難回去了。這個世界上根本沒有不好的狗，只有不好的主人。

所以專門訓練狗的西薩狗教官，總是強調馴狗的三個原則：

1 exercise（運動）

2 discipline（紀律）

3 affection（關愛）

這三個原則的重要性，也是由1排列到3。把自己當作狗來訓練看看吧！

1 exercise（運動）

很多所謂「不乖」、到處惹麻煩、搞破壞的狗，實際上是因爲太無聊了，運動量不足。如果一隻狗運動量足夠的話，不會去做破壞性的事。人的很多壞習慣，也是因爲太過無聊，精力過剩才會發生的，比如說晚上捨不得睡覺，越夜越美麗，一直掛在網上或是無止境地玩遊戲，往往是因爲日間的運動量、活動量不足。奇妙的是，我從來沒有聽說過身邊有哪一個練跑馬拉松的朋友，無論是全馬還是半馬，男生還是女生，同時有重度上網症候群。很多時候，如果我們以爲自己壞習慣的原因是「無聊」的話，根本原因很有可能是平常的運動量不足。

2 discipline（紀律）

就像我在中學的時候，學校把「不愛念書」或是「惹是生非」的學生送去打橄欖球，除了消耗過剩的體力之外，還有學習「紀律」。很多時候，我們壞習慣的成因是盡情讓自己做自己喜歡的事，但是運動的規則是極度公平的，跟一個人會不會辯解、找理由、撒嬌，都沒有關係。

關於紀律的警鐘，是我姪女小時候的一段話。

當時我們推著車，在美國波士頓的超級市場採買。作爲一個長輩，我很自然地限制她可以買的糖果、零食數量，但是我自己想要的垃圾食物，卻毫不考慮地一直放進購物車裡。

「當大人好好呵！」當時還在念小學的姪女嘴裡嘟噥著。

「爲什麼？」我問。

「因爲想買什麼，就可以買什麼，都不用有理由。」她說。

這對我像是一記警鐘。是啊！**憑什麼我想要什麼就買什麼**，卻以健康爲理由限制一個孩子做同樣的事？爲什麼我想什麼時候睡覺就什麼時候睡覺，卻規定孩子的上床時間？爲什麼自己想上網、看電視多久都可以，卻對於孩子每天可以看多少電視、上網多久、使用什麼網站，有那麼多嚴格的限制？

如果這個限制是好的、必要的，那麼就像運動競賽的規則，不是應該所有人都遵守的嗎？無論網球或是足球，規則都不會因爲分齡組不同，業餘跟專業不同，男女性別不同，選手的國籍不同而可以自由解釋、隨意改變，但是個人壞習慣的來源，常常是來自於自圓其說，找藉口來改變遊戲規則造成的。

如果一個抽菸的人跟自己說：「我只有壓力大的時候才會一根接一根抽菸，這樣應該算是例外情形，不算菸癮。」假設這時候，身邊一個小學四年級的孩子，也向你要求在段考、期末考期間，因爲壓力大，比照每天抽兩包菸，相信沒有任何心智正常的大人，會覺得這樣很合情合理吧？如果同樣的話由孩子說出口不合理，大人說卻沒關係？是眞的沒關係，還是我們總是缺乏紀律，合理化罷了？

3 affection（關愛）

很多人談起戀愛就跟照顧寵物一樣，總是口口聲聲把「愛」放在一切之前，似乎只要有愛，一切都應該自然而然美好起來，幫狗染髮，綁蝴蝶結，穿衣服，甚至腳不落地，除非穿上四隻小襪子，問題是這種讓人窒息的愛，是明顯違背自然的。**如果有了足夠的運動，也學習了紀律，這個時候才有資格談「愛自己」。讓自己想吃多少就吃多少，不只吃飽還要吃撐，想抽多少菸就抽多少菸，盡情做對自己有害的事情，怎麼說都不能算是愛自己。**

「如果我可以教會我的狗，我也可以訓練好我自己！」因爲，**壞習慣就像一匹桀驁不馴的野馬，而最高明的馴獸師，是我們自己。**

實例說明：我要如何戒除重度上網症！

我決定改掉自己整天無時無刻掛在網上的壞習慣，於是我決定用跟訓練狗相同的三個步驟來試試看：

從運動：

每當我因爲無聊而想上網的時候，我就會提醒自己：「不如去散個步吧！」「去跑步好了。」「外面天氣這麼好，留在屋子裡多麼可惜，去騎腳踏車吧！」這些事情都會讓我改變主意，因爲大多數時候，我本來就沒有特別原因而上網，只是因爲沒有想到什麼別的事情罷了。散步的時候，如果有無線網路，搞不好還會忍不住使用。在健身房或是戶外跑步、騎自行車，也很容易就可以隨時停下來上一下臉書，所以對我來說最好的運動，就是游泳。人在游泳池裡面，總不可能帶著手機了吧？也不可能每游一趟，就爬起來看一下LINE有沒有新的私訊吧？

從紀律：執行紀律的部分，我分三步驟來幫助自己：

{戒除重度上網獨家祕方}

第1步

震撼教育：
先讓自己去一個無手機，無網路的小旅行。

第2步

制定清楚規則，並確實遵守：規定每天早上只能上網兩小時，晚上兩小時。多出來的時間去散步，不帶手機，不低頭。

第3步

戒除「吃到飽」的壞習慣：讓「無限」概念變成「有限」使用。

第一步：震撼教育

一開始，先讓自己去一趟無手機、無網路的地方小旅行。我選擇到泰國緬甸邊境桂河旁邊山區的難民營，桂河上面沒水沒電，要在點煤油燈的茅草屋裡住上三天。一開始非常不習慣，明明知道沒有手機訊號，無論如何也上不了網，還是會時常忍不住拿起手機來看看，試圖搜尋無線網路，或是絕望地反覆閱讀著舊的存檔頁面，覺得痛苦極了，還會不時彷彿聽到手機振動、或是訊息提示的幻覺。可是到了第二天，我開始不再幻想聽到手機的聲音，而是聽到腳下的水聲潺潺，聽到森林裡的鳥叫、猿啼，到了第三天，我已經覺得，手機只要能夠拿來當鬧鐘就好了。

我有一個德國朋友，已經到了每天早上醒來不看新聞，唯一的資訊來源就是看臉書的地步。他的震撼教育是關閉臉書三個月，對外只用手機跟LINE聯絡。三個月過後，他再重開臉書，已經明顯減少使用的頻繁度了。

第二步：制定清楚規則，並且確實遵守

規定自己每天早上起來以後，可以上網兩個小時。晚上睡覺以前，也可以上網兩個小時。這中間的網路都要關閉，就算上班當中也一樣。別傻了！我的工作沒有重要到必須隨時掛在網上。離線工作，可以更專心，思緒更完整，不會被打擾，所以工作的效率更高了，這是給自己很好的獎賞。因爲多出來的時間，我可以慢慢地吃午餐，可以去散步，散步的時候不帶手機、不低頭，看到很多平常沒有注意的有趣小細節，像是每天的小旅行。

第三步：戒除「吃到飽」的壞習慣

從此以後，我不再購買付費吃到飽的手機上網套餐。因爲一旦付費以後，就會有「不用白不用」的心態，這是爲什麼會成天掛在網上。如果離家在外，只偶爾在有免費無線網路可用的地方上網，使用的時間就會有限。同時我也不隨身攜帶備用電池或是行動電源，因爲知道出門一整天，只有這一顆電池的電力可以使用，如果上網的話電力就會快速耗損，我就要想清楚，我是否眞的有必要上網，需要上網多久？從此讓許多人變成低頭族的「無限」概念，就又回到正常的「有限」概念。

從關愛：

很多人下班後讓自己掛在網上的藉口，是宣稱慰勞自己一天辛勞的工作，但是會這麼說的人，他們工作的時候，其實也都一直分心在網上的原因，非常有可能花在上網的時間比眞正工作的時間還要多。很多人之所以花那麼多的時間在經營自己的社群網站專頁，是因爲在那裡，可以透過我們ＰＯ的文字跟照片，塑造、控制自己的形象，成爲自己想要變成的那個人，讓別人看到我們想要讓別人看到的那一面。

但是如果眞實生活中的我們，可以跟在臉書上面一樣風趣呢？如果不需要用美圖秀秀的軟體，也不需要特別的俯角，而是透過運動跟照顧自己的外表，讓自己的臉、身材，在現實生活當中也變得那麼好看呢？

網上的自己跟現實中的自己差異越大，沮喪也就會越強烈。真正愛自己，就從好好學會愛現實生活中的自己開始！

今年
我要改變
一個壞習慣：
對，一個就好！

本計畫重點整理

- □ 一次想要改變十個壞習慣，好像同時想學十種不同語言，不只沒效果，也會連原本好的東西一併放棄。
- □ 壞習慣就像一匹桀驁不馴的野馬，最高明的馴獸師是我們自己。
- □ 真正愛自己，就從好好學會愛現實生活中的自己開始。

chapter 8

今年我要學習一個有趣的新東西

如果一開始
就覺得自己
沒有天份，
基本上學什麼
都會失敗。

讓你個性
變得更陽光，
思想更自由，
心胸更開闊。

學英文看起來比較高尚？

一直想學英文，卻一直學不好的人，我想問一個問題：

去補習班念了那麼多年，繳了那麼多的學費，但是你的工作，眞的有需要用到英文嗎？

「你到底學英文要幹嘛？」

學英文對於你的生活有實質的意義嗎？

我之所以會這麼問，因爲我遇到過很多根本就沒有要出國，也用不到英文的人，但是一天到晚都孜孜不怠想要學好英文，卻沒有去想清楚，自己爲什麼要學好英文背後眞正的動機是什麼。

一個生活重心在台灣的人，如果要學語言，英文應該不是首要之選，台語或客語相對來說，在台灣日常生活都是比較有用的，如果這兩個方言跟英文都一樣不流利的話，爲什麼不想加強台語或客語，卻選擇英文、日文？老實說，越語或印尼語，可能對你來說都還比英文有用吧？

請容許我大膽地假設：**會不會是因為你很自卑，覺得很會說英日語的人比較厲害**？覺得比較高尚美好的生活，都是要用英文來表現的？但是說台語、客語、越南語、印尼語、泰語、菲律賓語，這些任何一個語言在台灣的實際使用人口，都比英語、日語使用人口多的語言，卻比較「沒水準」？

如果眞是如此，那麼「學英語」的動機，可能早已經脫離學習語言本身的實用意義了，而是透過學習，反應一種對心目中高尚生活的嚮往。

如果學英文眞正的目的，是希望成爲一個更高尚的人，那麼就不應該從學英文開始，因爲英文作爲一門語言，不會讓你增加生活品味，不會讓你的個性變得更陽光，也不會讓你思想自由、心胸開闊。**如果嚮往的是那些美好的生活品質跟個人特質，那就應該從直接學習加強自己生活品味開始**，而不是從美國俚語五百句。

我一個住在高雄的朋友，跟我說他之所以跟高中死黨疏遠的原因之一，是因爲有一年暑假，這同學去美國遊學才三個禮拜，回來以後就變了一個人似的。

「啊！高雄太熱了，美國都不會這樣，我好不習慣呵！」

「我想去shopping mall，現在有週年sale，you know……」

我這朋友心裡忍不住暗罵：

「對啦！最好你去美國三個禮拜，回來就水土不服，中文也都忘記，那麼厲害的話，怎麼不會整句用英文說來聽聽看……」

兩個人的友誼從此就跟先前不再一樣了。但是那個高中同學，卻從此都沒有再變回來，後來找到一個也跟他一樣的朋友，明明人在高雄，天天騎摩托車頂著大太陽做著普通的業務工作，但是兩個人下班以後，卻可以一起沉浸假裝自己是「高尚的外國人」，繼續用破碎的英文單字，在高雄過著水土不服的每日。

學語言固然很好，但是請別沒事把自己弄得更自卑。**幫自己的品味升級，並不需要嘴上動不動掛著英文單字**。

有學習的心當然可貴，但是不要為了錯誤的原因而學習。人生苦短，爲了錯誤的原因而花了半輩子在學英文，結果英文也沒學好，也沒有變成自己夢想當中那個可以自由思考、心量寬大的人，這樣的人生豈不是太倒楣了？

我時常聽到有人從日本旅行回來後說，日本人素質不錯，就是英文太差。

從德國回來的人抱怨，路標做得太差勁，差勁在哪兒？因爲都沒有英文。

法國人？太驕傲了，用英語問路，當地人都故意用法語回答。

但是卻沒有人提出來一個明顯的事實，這是一個廣大多元的世界，不是一個英語的世界，爲什麼日本人英文不好不行？爲什麼德國非在自己的國家裡做英語路標不可？法國人說法語，錯在哪裡？用英文好不好，來決定一個人程度好不好，可能只有華人的家長才會這麼想吧？

但是英文好的人果眞就會得到我們的尊重嗎？也不盡然。菲律賓爲了漁船事件跟台灣有衝突時，台灣媒體就說菲律賓用英語優勢，在網路世界企圖主導國際輿論、打壓台灣。自己吃了虧說不清楚，沒有自己反省，竟然怪起人家英文比你好。

學英語不等於國際化，那些饒富興味，持之以恆地在生活當中，學習著台語、客語、越南語、印尼語、泰語、菲律賓語，甚至緬甸語的人，想必你們對自己作爲一個在台灣社會生活的人，以及自己在世界上的位置充滿自信。讓我向你們的頭腦清晰，致上最高的敬意。

「簡單」就不夠厲害嗎？

曾經熱播的日劇《東大特訓班》，我查了維基百科得到以下的資料：《東大特訓班》是日本漫畫家三田紀房所創作的漫畫作品，別名《龍櫻》，從二〇〇三年開始在講談社的漫畫週刊連載，故事描述曾是暴走族的三流律師櫻木建二，爲了增加自己的業績，要將原本瀕臨破產、平均偏差值三十六、大學錄取率只有百分之二、被稱爲「笨蛋高中」的私立龍山高中，改造成每年有超過一百人以上考進日本第一志願東京大學的升學名校，並賭上了自己的名聲。

櫻木的主要考量是讓學校的經營狀態良好、有實際的升學成績，並且以東大上榜人數爲主要的賣點，針對功課落後的學生開設以考上東大爲目標的特訓班。在上榜之前給予學生各種考試指導，使其提升成績，並將因社會變遷而消失的許多個性老師集合起來替學生上課。另一方面對原本在學校就任的老師進行大規模裁員，且規定須通過資格考試才能再被聘用，結果引起老師們大規模的反彈。

櫻木決定先在學校內開辦三年級特訓班，但只有水野跟矢島兩個學生。在一年的準備過程中，櫻木不但要和所有個性老師合作，敦促兩位第一屆東大考生用功，還要和校內不同意見的老師周旋。最後，水野順利的進入東大理科一類，但是矢島不幸落榜。在水野高高興興地參加東大入學典禮的同時，矢島則坦然地接受結果，並進入重考班爲來年的考試東山再起。而龍山高中則創下了破紀錄的入學報名人數，櫻木的改造計畫大功告成。（以上來自維基百科的說明）

急著學，通常也急著放棄

《東大特訓班》裡其實有一個相當有意思的橋段，是特別跟學英語有關的。

英文在日本的大學入學考試，也是必考的重要科目，所以當老師教英文程度不好的學生水野跟矢島如何寫作文時，他說英文很好的高材生，總會想辦法用很艱深的句型跟單字，來表現自己的程度，但是他們忘了，評分的標準是用錯誤來扣分的，也就是說，**錯得越少，成績越好，不見得是寫得越艱澀的分數越高**。

寫得艱深，出錯的比例就可能越高，會被扣的分數也因此更多，所以這些英文不怎麼好的後段班學生，**反而應該要用自己確實懂的單字跟句型來寫作，錯誤率低、表達清楚，可以得到比較好的分數**。

雖然這只是娛樂性質的漫畫，但是確實點出了許多學習失敗的人，最主要的致命傷：**好高騖遠，看不起簡單的東西，覺得簡單的東西「不夠厲害」**。

當我們從初生之犢不畏虎，好高騖遠挑戰了幾次困難後，無論是二〇一三年香港書展上聽信銷售員的話，買了一套五萬多塊港幣的迪士尼英語教材系列，還是因爲看到五月天很帥也決定學電吉他，爲日後組band做準備，挫折以及失敗的經驗，很快讓我們的志向大逆轉，變成一朝被蛇咬、十年怕草繩的典型「俗辣」，開始把目標很快地向下修正成只要能把網路上盛傳的「日常英語中最簡單有效的100句英語句子」學好，或是決定改學小型的夏威夷吉他——烏克麗麗，這麼簡單的，總該沒有問題了吧？招生簡章上明明說了，烏克麗麗是全世界最容易的彈唱樂器，如果一輩子至少想學一種樂器的話，烏克麗麗一定不可錯過。彈起來很帥，體積又小，攜帶方便，怎麼早沒想到要學呢？早知道就不要浪費時間學吉他，因爲烏克麗麗可以隨身攜帶，走到哪裡就練到哪裡，傳單上白紙黑字寫著「公車內、等朋友、上廁所都可以練習」，簡直就太讚了啊！

結果呢？

讓我猜猜看。你的英文還是沒學好，烏克麗麗也半途而廢，別說自己變成「東大特訓班」水野跟矢島那樣的人生勝利組，甚至從此開始對號入座到「失敗保證班」，相信自己沒有學習語言的天分，也沒有學音樂的天分，基本上學什麼都會失敗。

這些保送「失敗保證班」的同學，根據我的觀察有一個共同的特性：急。

急著學好的人，通常也都會急著放棄。

學一種有趣的新東西，無論是語言還是其他的技藝，如果開始的時候特別心急，想要趕快看到璀璨的成果，學習很容易就變得不有趣，甚至很快放棄。

所以有沒有**今年讓自己脫離這個「失敗保證班」**的方法？

錯誤的學習，直接送進失敗保證班

這三、五年內開始突然爆發流行的烏克麗麗，買琴、學琴的人超多，樂器行如果不賣烏克麗麗就不如結束營業算了，吉他老師要是不兼教烏克麗麗，根本就活不下去。就連很多安親班、才藝課都有烏克麗麗團體班，但失敗、放棄的人，恐怕跟學的人數目一樣多，原因其實很簡單，如果開始學彈烏克麗麗之前，學習的原因根本是錯的，就可以預知不大可能會學成功。

一般人學習烏克麗麗的原因，不外乎這五個：

1簡單！

學烏克麗麗的原因是因爲曾經學吉他，後來覺得吉他太難而失敗或是放棄，烏克麗麗看起來像是迷你的簡版吉他，應該比較簡單。

2不用練習！

我想彈好，但是沒有時間練習。現在先學一兩堂課，沒時間的話先停下來也無所謂，反正以後隨時想學還可以再學。

3便於攜帶！

烏克麗麗跟吉他比起來很小巧，學成了到哪裡都可以帶著表演，光是想到會驚豔全場，就熱血澎湃超想趕快學好。

4價錢便宜！

烏克麗麗比鋼琴、小提琴或大部分樂器都便宜，三、五千塊的就很好了，坊間社區大學三個月三千塊錢的學費，我也學得起。

5超帥！

彈烏克麗麗超文青！音色好聽！

但是只要你是因爲這五個其中任何一個原因而開始學習烏克麗麗的話，基本上我可以看到你的失敗。原因很簡單，你想學烏克麗麗的理由，根本就是一場美麗的錯誤。因爲眞正的烏克麗麗：

1要學好並不簡單。

某台新聞報導鐵口下了一句標題：「學烏克麗麗取代學吉他」，但是如果把烏克麗麗當作吉他的替代品，甚至玩具版，就一定學不好，因爲你對於這個樂器沒有敬重之意，一旦發現原來不像想像中那麼容易的時候，就會有被騙的感覺，而想要趕快放棄。

如果現在覺得難彈，或是因爲其他任何藉口，一旦停下來以後，再拿烏克麗麗起來彈奏的機會眞的很小。就好像學習語言一樣，比如一開始決定學習日語，是因爲聽說日語比英語簡單，結果學五十音以後就因爲覺得有點難而停下來，在這種沒有打好基礎、也沒有成就感的情況下中止，下次就算要再捲土重來重新開始學習，學好的機會其實就已經是微乎其微了。

2需要天天練習。

烏克麗麗就像任何樂器，想學好的關鍵在於多練習，根據老師的建議，每天至少要練習一小時。

如果沒有一個強烈的學習動機來支撐，以「興趣」及「熱情」作爲後盾，就沒有勤勞練習的動力跟紀律。一個曾經因爲吉他「好難」「好難按」「手好痛」……等等原因而放棄的人，十之八九會因爲同樣的原因而放棄烏克麗麗。

3攜帶方便又怎樣？

小巧的樂器很多，小時候不是也強迫要學吹笛子嗎？請問這麼小巧的笛子或口琴，有因爲體積小所以學好了嗎？如果比烏克麗麗體積更小的笛子跟口琴學不好，憑什麼以爲烏克麗麗就會學得好？會不會學好，跟一個樂器是不是方便攜帶，基本上是沒什麼關係的。

4價格便宜又怎樣？

便宜的烏克麗麗確實很多，就連大賣場現在幾百塊錢台幣就買得到，但是如果沒有對烏克麗麗具備興趣或熱情，無論再便宜也沒有用。跟網球比起來，羽毛球、乒乓球也都攜帶方便，價格便宜啊！但是因爲這樣的原因而捨棄網球，改打羽球、乒乓球，就打得好了嗎？

5其實沒那麼帥氣。

烏克麗麗不像吉他有六根弦，烏克麗麗是四根，理論上來說，學習負擔較輕，不像吉他是「尼龍弦」，彈起來手不會那麼痛，指板格子也不像吉他那麼小，又不像吉他有一堆不合乎人體工學的超難指法（尤其是封閉和弦），但是構造簡單的烏克麗麗，也因此有相應的缺點，那就是不管在曲風、和弦變化上，跟木吉他還是差上一大截，比吉他單調許多，所以一直聽著自己彈得不好的單調音色，還眞挺容易膩的。

{認識不清的學習比一比}

學習的錯誤想法是

- 簡單
- 不用練習
- 便於攜帶
- 價錢便宜
- 超帥

真正的學習是

- 要學好並不簡單
- 需要天天練習
- 攜帶方便又怎樣
- 便宜價格又怎樣
- 其實沒那麼帥氣

從小角落開始也可以欣欣向榮

如果聽起來挺熟悉的，覺得自己根本就是這種人！那麼今年給自己的重要功課，就是解決這些總是讓自己保送「失敗保證班」的問題。繼續以學習烏克麗麗或是學日文爲例子，其實這五個常見的失敗原因，非常容易可以克服：

1用全新的眼光來看待。

充分的自我心理建設，認清楚烏克麗麗不是「小吉他」，而是另一種樂器。同樣的，日語也不是因爲學不好英語，所以去學的替代品，而是另一種外語。

2學習減少挫折的方法。

維持興趣和熱情的方法其實很簡單，就是減少挫折感，無論是學樂器或學語言都一樣。

烏克麗麗對於初學者的確容易上手，所以一開始一定先從簡單的開始，不要急著第一堂課就想要跟YouTube上面看到的烏克麗麗武林大賽冠軍相提並論，而是把目標設定在每一堂下課後，都一定會在課堂中熟練某一首歌，這樣其實是比較有效果的。一鼓作氣，用認眞的態度把學習烏克麗麗當作一件嚴肅的事情持之以恆。沒有學習到一定的程度，絕對不要停止。如果沒有這樣的決心，就請不要輕易開始，白白搞壞了學習的胃口。

3 記得學習的初衷。

樂器輕巧沒什麼了不起，最輕便小巧的樂器是你的喉嚨，並不代表你就知道怎麼把歌唱好。學習烏克麗麗不應該只是因爲它小巧，否則比烏克麗麗更加輕巧的樂器其實很多，記得想要學習烏克麗麗的初衷，是因爲看到別人彈得很好的帥模樣，朝那樣的目標邁進。

4 不用花大錢，但也不要貪便宜。

買好一點的烏克麗麗，因爲價格在一千元台幣以下、太過劣質的烏克麗麗，弦與指板按壓的位置太遠，比較好的烏克麗麗左右弦與指板的高度應該在○・二公分，但是品質不好的往往高度不對（高達○・四公分），很快就會因爲不好按、不好彈而討厭烏克麗麗了。學習語言也是，雖然不用買一套五萬港幣的教材，但是選擇老師的標準，也不能只是比價最便宜、或是免費，而是要以最適合自己爲考量的重點。

5 建立合理的期待。

要知道「烏克麗麗」其實眞正的好處是「好攜帶」「可愛」，而不是好聽。一旦建立合理的目標和期待後再來學習、接觸，從此便會開啓一扇音樂的大門。

就像吉他，烏克麗麗也大致有兩個階段，比較簡單的「自彈自唱」跟困難度較高的

「Fingerstyle（中國大陸一般翻譯成「指彈吉他」）」，如果只是想要學會一種「簡易的彈唱樂器」，把目標設定在能夠自彈自唱就比較容易成功。就像吉他的初學者，明明基礎吉他都還沒學完，就急著要轉電吉他，或是要組團、練Solo、配團，當然很快就因爲覺得自己彈得太爛而潦草收場，如果清楚設定學習烏克麗麗的目標就是要自彈自唱，不是絢麗的Fingerstyle，自然就比較可能成功。

無論今年想學的是烏克麗麗、還是一門外國語言，或是任何一個感興趣的新事物，就要學習從小角落開始，**從小細節裡逐漸擴大，用全新的眼光去看待，找到可以減少挫折的方法，莫忘學習的初衷，準備合理的預算，建立合理的期待，把這五件事情做好，一定大幅提高成功率！**

夢想的美麗花圃，往往是從一個角落裡欣欣向榮的小盆栽開始的。

今年
我要**學習**
一個**有趣**的
新東西

本計畫重點整理

- ☐ 不要為了錯誤的原因而學習。
- ☐ 急著學的人，通常也會急著放棄。
- ☐ 從小細節逐漸擴大，莫忘學習的初衷。

chapter 9

今年我要去一個未知的地方旅行

一年之中給自己一次機會，
世界永遠比想像中更大，
自己永遠比想像中更渺小。

不是要去很遠的地方，
也不是要去做多麼特別的事，
正視自己的能力去做。

既然要做，就火力全開吧！

一年之中，**能夠帶來生命的改變，可能比我們想像中還要來得大**。

我有一個朋友奈特，來自於美國的北達科他州（North Dakota）。基本上，如此仔細地告訴任何一個人，北達科他州或是南達科他州，其實是多餘的，因爲雖然這是兩個完全不同的州，卻沒有人太在乎，因爲沒有多少美國人可以在地圖上指出來它的確實位置，即使他們可以很輕易地指出紐約市，並且明確地告訴你中央公園、中國城、上城區、布魯克林在哪裡。

生長在北達科他州的奈特，在大學主修鋼琴，畢業以後找到一份在郵輪上當海上鋼琴師的工作，這是奈特生平第一次離開北達科他州，也是第一次意識到跟他那些走遍四大洲、五大洋的同事比較起來，自己不過是一個存在感稀薄，讓人過目即忘，從裡到外都單調無聊至極的人。

於是他決定，**要讓自己變成一個比較有趣的人**。

首先，奈特交了一個同樣在船上工作，來自布拉格的小提琴手爲女友，開啓了一扇通往世界的窗。在此之前，他對於東歐，就像外界對於北達科他州一樣一無所知。

然後，在九個月的合約結束以後，他買了一張飛機票，到布拉格去探望他的女友。

要離開布拉格的時候，他忽然下了一個決定：

「我還不要回北達科他州，我要從這裡一路搭便車到英國倫敦！」

不只是搭便車，他決定一整路上不下榻飯店，只是從一輛車換到另一輛車，一直在路上不停歇，直到抵達倫敦爲止。

「結果呢？」

「除了有幾次被載到反方向，還有好幾次又累、又髒，幾乎忍不住要去住旅館，好好洗一個澡、睡一大覺醒來再說，但是終於都還是忍住了，也眞的就這樣到了倫敦。」

當時我也正巧在倫敦。

奈特到了倫敦以後，我跟他見面時問他：「你爲什麼要這麼做呢？」

「因爲從小到大，我生長在一個小鎮，沒有吃過苦，沒有接觸過很多跟我不一樣的人，也從來沒有發生過什麼事——無論好事、壞事都沒有，也不曉得什麼叫做苦日子，但是到了布拉格旅行以後，看到很多過著苦日子的人，他們的生活跟我的比較起來，卻是有滋有味。我也想知道那種滋味。」

從歐洲回到北達科他州以後，他環顧四周一成不變的生活，感受到一股過去從來沒有的勇氣，決定搬到科羅拉多州的丹佛市，那裡沒有工作等著他，也沒有認識的人，只是想去那裡闖蕩、去生活。

現在的他，住在丹佛，**嘗試了所有他從來沒有想像過的人生，逐漸變成一個自己喜歡的、有趣的人**。我問他，可不可以給那些遲疑不敢邁出腳步的人一些建議的話，他這麼寫道：

> 在過去這些年我有幸經歷了所有的旅行和冒險之後，我能夠給其他人最好的建議，就是：「就放手去做吧！」如果你想進行一場壯遊，或是有件長久以來一直想做卻沒做的事，但總給自己找藉口，「等我存夠多錢再去吧！」或是「等我要換工作的時候再去做。」否則就說「等我小孩上大學離家以後我再去吧！」不！就放手去做吧！試著冒點險，因爲你到頭來什麼都沒做的悔恨，可能會比你眞的去試試看來得更大。
>
> 我從以前就一直想著要去歐洲當背包客，但是因爲各式各樣的理由沒去實現，最後，我眞的就去做了！那大概是我這輩子做過最明智的決定之一，也是我這輩子最棒的五個禮拜。
>
> 除了在郵輪上工作之外，我也一直想著要爲我的人生做點什麼新的嘗試，但我總是找藉口推遲，當我決定搬到丹佛去成爲一個自由音樂工作者時，人們不斷問我那邊有沒有工作等

著我，當我說什麼都沒有的時候，我可以看到他們臉上掩不住的驚訝。

當然，做什麼事都會有風險，但若什麼都不做的話才眞的會後悔呢！就算事情不像計畫中演進的那麼順利，當時我花了十五個小時，一班錯的巴士，跟六班火車，才從波蘭的克拉科夫（Kraków）到達德國柏林，但是我因此多了一個很讚的故事可以誇口。當人們認爲我到越南，敢喝眼鏡蛇血、還有一口吞下還在跳動的心臟，簡直就是瘋了的時候，我因此又多了很讚的故事。

所以，就放手去做吧！去追尋你的夢想，你在世上一遭只有這一回，所以別再拖拖拉拉的，也別再找藉口不邁開腳步去旅行、去歷險，既然要做，就火力全開吧！

如果從外表、生長背景環境來看，美國小鎮來的奈特，可以說是跟我們完全找不到共同點的人，但是在我的眼中，他跟我們又是那麼的相似。在短短一年當中，他決定放自己自由，將自己從鳥籠當中安穩的禁錮生活中放生了，用謙卑的角度重新學習跟這個充滿野性的世界和好，這一切都發生在同一年，而且都只開始於**放手去做一件沒有做過的事情，去一個沒有去過的地方旅行**。

在我眼中，這無疑是一個人對自己的人生能夠做的最大的仁慈。

培養「規劃力」和「實踐力」

去一個沒有去過的地方旅行，聽起來沒有什麼，但是我相信，如果這一年中給自己一次機會，像我的朋友奈特這樣，**找一個陌生的地方去旅行，將會得到非常珍貴的兩種力量：「規劃力」和「實踐力」**。

這是爲什麼，每一年我也會給自己一個同樣的功課，那就是到一個沒有去過的地方旅行，提醒我自己，**無論覺得自己已經多麼天涯行腳，世界永遠比我想像中來得更大，我永遠比自己想像中更渺小。也在準備旅行的過程中，讓自己就像一把刀，無論多麼好、多麼利，每隔一陣都應該要拿出來好好磨一番，才能夠持續保持著鋒利。**

訓練「規劃力」，**不見得要去很遙遠的地方，去做很特別的事情**，畢竟不是每個人都是李娟，能夠辭掉在大城市的上班族工作，到新疆北部去加入哈薩克牧民的生活；也不是每個人都是蔡適任，花了十多年在巴黎拿到法國社會科學高等研究院（EHESS）文化人類學與民族學博士學位以後，到撒哈拉沙漠去養老鷹。以我自己今年來說，我想的目的地在許多人心目中或許一點也不夠特別，因爲我選擇的是許多背包客和觀光團都已經很熟悉的日本北海道，但是我卻覺得這樣就很夠了。

正視自己的財力

規劃五天的時間到北海道，可以學到什麼？

一開始，我的想法很簡單，因爲我被曙光號列車（Twilight Express）吸引了。不知道什麼是曙光號的人，請容我在這裡簡單介紹一下。

曙光號列車對於鐵道迷來說，可以說是寢台列車之王。平成元年七月二十一日中午由大阪車站正式發車直達札幌的鐵路，長達一千五百公里，二十二個小時的旅程，開啓了關西連結札幌的鐵道新時代，在我的眼中，如果能夠搭到唯一兩間套房其中一間，最好是一車一號的Ａ寢台頂級套房，是絕對讓東方快車號（Orient Express）相形失色的豪華鐵道之旅。

除了套房的豪華設備之外，無敵景致才是王道！午前從大阪上車，列車通過時間巧妙配合沿途的風景，過了京都便開始準備午餐，午後的琵琶湖，最適合端著一杯咖啡望著窗外，四季分明的比良連邦、竹生島、伊吹山、福井縣，過了敦賀後，便進入北陸隧道，福井過後列車駛入石川縣，經過加賀溫泉鄉、白山、加賀前田家、百萬石的城下町金澤。夕陽的時間，看著晚霞漸漸地布滿整個天空，落日沒入黃昏的日本海，一面享受著曙光號在行經路線收集的各式食材所做成的奢華法式料理，一面在微光中遠眺北陸路、越後路的景色，深夜通過青函隧道，在清晨時抵達北海道大地，從洞爺、登別一路到終點札幌，大約是隔天上午十點鐘。

如此美麗的行程，在我眼裡，任何的豪華私人專機，或是頂級私人遊艇，都無法比擬於萬一，也難怪被許多鐵道迷公認爲「一生一定要搭一次的寢台列車」。

如果搭飛機的話，只要一個多小時，曙光號卻要二十二個小時，我心儀的套房，價格超過五萬日幣，遠遠比機票還要超過兩倍以上，而且就算有錢也不一定訂得到，所以面臨高預算、長時間，我在這個**決定旅行方式的階段，必須要正視自己的「財力」**。**如果一個夢想超過自己能力範圍，勉強去實現，只會帶來自己跟別人的負擔，這是我在規劃階段就要想清楚的**。光是喜歡，就非做不可，那我跟理直氣壯、伸手向父母要三十萬台幣去美國遊學二十天的中學生，又有什麼兩樣？大人應該要有大人的樣子。

✔ 受挫後的復原力，每天都是新的一天

決定這是我想要的重要經驗，不計金錢的代價，也全力配合一車一號A寢台套房有空的日期，願意調整工作跟其他的計畫以後，我開始打電話訂票。

跟其他的車種不同，這班曙光號是不能夠上網訂購，只能親自到大阪的JR窗口去，或是電話訂購，因爲我人在海外，所以我算準了可以開賣的日期，調查了電話專線的上班時間，甚至調查出每個小時的尖峰流量，開始每天打電話詢問座位。

之所以每天打電話，是因爲出發前一個月開始接受預訂，而且從網上的資訊得知，出發前幾天，也可能會有旅行社因爲沒有賣出而退票重新釋出的情形，所以如果沒有每天聯絡的話，無法確定空位狀況。因爲我的工作是出差到不同的國家，因此無論在什麼地方，每天我都必須算準時差，準時在日本時間八到九點之間，想辦法撥進唯一的一支電話專線，當然，平均要撥四十次到五十次之譜，才會有一次接通的機會，好不容易接通之後，得到的卻都是讓人失望的消息，如此日復一日，我連續打了十四天。

連續十四天都沒有好消息，**我需要具備的是「受挫的復原力」**。因爲我每一天花一個小

時打長途電話到日本，每天都要當作是全新的一天，因爲接電話的工作人員，並不知道（也不在乎）我在這之前已經試撥了多少次忙線電話無法接通，或是被告知了多少次的壞消息。每天早上我都要彬彬有禮地重新說明來意，並且充滿希望地詢問一次，就算得到的答案依舊是「NO」，也不能因此而表現得不開心。這段期間，我感覺自己好像能夠體會一個整天打電話做電話行銷的業務員的心情：不斷接受拒絕，甚至惡言相向，但是**每次被拒絕以後，還是要振作起來**，興高采烈、充滿希望地打名單上面的下一個電話號碼。

經歷這兩個星期以後，我再面對那在紐約卡內基中心打電話推銷會員的朋友，或是在波士頓紅襪隊打電話推銷季票的朋友，還有在台灣做保險公司電話行銷的朋友時，對於他們的工作，我充滿了過去從來沒有的敬意。

換個方式，不忘初衷

連續嘗試十四天，是我給自己的上限。如果連續努力十四天還不能買到票，我就要放棄曙光號。

但是新的問題來了，如果我主要是衝著曙光號才去北海道的，是否因爲訂不到我要的火車票，就一併打消去北海道的念頭呢？

眼看向工作單位都請好假了，也跟大阪的朋友說好要去拜訪了，好久不見的當地朋友還興致勃勃地要開車到大阪機場來接機，全家上下老老小小也都各自指定了託我從國外帶到日本的紀念品，如果這個時候突然改變主意取消，不是反而會造成同事、友人的困擾嗎？所以這時我必須要做的是，轉換自己心境的能力，能夠不忘記自己的「初衷」，換一個方式好好完成這個旅行，讓這趟期待已久的北海道之旅，不要因爲曙光號的「槓龜」而蒙上陰影。就像來自台灣的法國料理廚師江振誠說的：

「既然喜歡這件事，那就要把這件事做好，做到最好。就是這份心意，讓我一路堅持到底……」

我追溯北海道一直在我的心底盤旋不去的原因，是多年之前，我曾經帶著父母到北海道旅行，當時因爲父親的氣喘、母親的腳力不佳，我們只能去幾個交通方便、路況平坦的地方，而且考慮到萬一半夜要臨時就醫，也不會有問題的城市，因此一直沒有機會到眞正的廣闊冰原、濕原，去北海道的道北、道東體會一望無際、四下無人世界盡頭的眞正滋味，這才是爲什麼我一直想要回到北海道的原因。曙光號列車，下次還可以努力，火車之旅是不受健康、年齡限制的，相信有生之年總有一天可以讓我訂到一車一號的A寢台套房，但是現在，

我要莫忘初衷，好好地享受北海道的遼闊。

想清楚以後，我立刻改變計畫，拿出北海道地圖，找到所有客機航班能夠起降的北海道機場，一共有六個，分別是札幌新千歲機場、函館機場、釧路機場、旭川機場、稚內機場跟帶廣機場，既然要去體驗北海道最遙遠的地方，我毫不猶豫地就訂了從大阪轉東京再轉札幌，最後飛到北海道最北邊的稚內機場的機票。

在訂飛機票之前，我對於稚內可以說是一無所知，我唯一跟稚內勉強可以牽上的關係，就是我當年在埃及念書的時候，唯一的亞洲籍同學，就是一個來自稚內的女生，原本是當地醫院的護士，後來辭去工作到開羅開始新生活。當時我只覺得她來自北海道，一直到這回看地圖，才意識到原來她來自的地方，如果以南半球來說，竟然就是像阿根廷巴塔哥尼亞高原最南邊的烏斯懷亞（Ushuaia）這種被稱爲「世界的盡頭」的地方，不禁多年之後對這位叫做若狹智子的日本女生，當年勇敢從偏遠的北海道極北，一個人到酷熱的北非念書，產生另一種敬佩。

老實說，我還到臉書上去搜尋她的名字，如果她回到北海道，我們因此將近二十年後能夠在稚內重逢的話，那麼這趟旅程，就比豪華的曙光號頂級套房更有意義了。

對，沒什麼了不起，但卻是自己設計的旅程

但是眞正開始做實際規劃的時候，我才發現從稚內出發的北海道之旅，如果只有五天的話，可以說是困難重重。

因爲我訂的機票是從北海道最北端的稚內抵達、最南端的函館機場離開，當時很單純的想法是，這中間四、五天的時間，就可以買一張三天或是五天有效的ＪＲ周遊券，搭火車一路向南，自由自在，不需要特意規劃。

但是當我上「北海道旅客鐵道株式會社」網站，用互動地圖查詢火車班次的時候，才開始意識到，北海道比我想像中大多了，稚內也比我想像中遠多了。

我有五天的時間，但是光是從大阪轉三班飛機到稚內，就要花掉一整天。從稚內搭火車到「道中」北海道中部的城市旭川，又要六個多小時，等於是大半天，不但耗時，而且這中間景色跟北海道其他美景相較起來，是單調而無趣的。

北海道雖然有周遊券可以購買，節省許多交通費用，問題是稚內因爲太小了，並沒有可以兌換周遊券的地點，以至於交通費用將會大幅增加到兩、三倍之多。

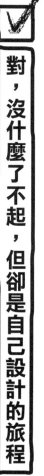

按照這樣的速度，如果我還想要到道東的網走搭破冰船看流冰，搭賞花列車「花咲線」到根室，沿路到厚岸品嚐牡蠣，到霧多布溼原過夜，到阿寒湖去泡溫泉，剩下的三天，根本就到不了北海道南部「道南」的函館。如果要勉強趕到的話，意味在北海道的四天，每天都必須花至少一半以上的時間在火車上趕路，恐怕不會是一趟特別的旅程。

思量過後，**我承認原本抱著一廂情願的浪漫想法，是一種錯誤**，因此將輾轉花一整天從大阪飛往稚內的機票，改成只要兩個小時，從大阪直飛釧路的班機，原本從函館起飛的離境班機，也改成從札幌出發，但因為在函館轉機，會在函館停留四個半小時，讓我能夠不需要從札幌花快則八小時，慢則十五個小時辛苦的火車車程，也能夠到函館走走。

所以最後，我五天的北海道之旅，變成這樣的規劃：

第一天：上午九點從大阪出發，直飛釧路機場後才上午十一點。因為我只打算從第二天開始購買三天的周遊券，所以第一天以交通費最節省為原則，搭僅九一〇日圓的機場巴士到釧路參觀、用午餐。下午兩點時，在釧路火車站前搭阿寒湖的飯店免費接駁巴士，前往阿寒湖住宿，兩個大型露天溫泉，一個在平地，另一個在屋頂八樓，男女各使用一個，晚上十點以後男女調換，直到隔天上午十一點，所以每個人都可以公平享用到兩種溫泉，無論是溫泉，還是面湖的和式房間，都可以看到壯闊的阿寒湖景，還有阿寒連山。

第二天：接近中午從阿寒湖搭免費的飯店接駁車回到釧路市區後，購買三天的ＪＲ鐵道周遊券，搭下午一點二十分的「摩周與川湯溫泉足湯巡禮號」前往北端鄂霍次克海濱的網走。特別選擇這個班次的原因是，這輛列車會分別在摩周與川湯溫泉短暫停車二十分鐘左右，讓乘客有足夠的時間在這兩個以溫泉泡腳出名的車站前，停留泡腳，買買地方土產再上路，是貼心的觀光列車。

第三天：從網走出發往西，搭上午七點四十三分的火車前往旭川，大約中午到達。下午租借腳踏車到南方的美瑛和富良野看花，也順便去拜訪原本在出版社工作，但是辭去工作正在富良野一家義大利餐館打工度假的編輯朋友。晚上可以回旭川市區住宿，沿路看到喜歡的民宿就住下來也可以，要不也可以前往介於旭川跟札幌之間的瀧川下榻，總之是個從下午開始就不用特別計畫的一天。

第四天：到札幌、小樽，有空的話也不妨去洞爺湖。晚上住在札幌市區。也是一個不需要特別事先預定計畫的一天。

第五天：上午從札幌搭飛機前往函館，在函館有四個半小時轉機時間，足夠在市區悠閒地走走逛逛，再回到函館機場搭乘直飛台北的班機。

這樣的五天四夜自由行規劃，**雖然看起來沒有什麼了不起，但因為這是我自己為自己設計出來的，對我來說就是一個最特別的旅程。**

想要去一個沒有去過的地方旅行，無論遠近，整個過程當中，完整地鍛鍊了我們非常需要的：

規劃力

正視自己財務的能力

受挫後的復原力

時時記得自己的初衷

實踐力

如果能夠在今年，成功地實踐一場從頭到尾自己規劃、設計的個性化旅行，不但會很有成就感，鍛鍊上面說的這五種能力，同時也很有可能就像我的朋友奈特那樣，從此成爲一個更有趣的人，更勇敢的人，自己更喜歡的人。

因為有擬過計畫，並且成功執行的人，人生會變得比較積極。即使只是一場五天四夜的自由行。

想讓自己變成一個有趣的人，就像奈特說的，沒有什麼別的祕訣，Just Do It！

今年
我要去一個
未知的
地方旅行

本計畫重點整理

- ☐ 到一個陌生的地方旅行，會得到兩種珍貴的力量：「規劃力」和「實踐力」。
- ☐ 讓自己像一把刀，無論多麼好，多麼利，每隔一段時間要拿出來好好磨練一下。
- ☐ 不一定要去很遙遠的地方，也不一定要去做很特別的事。
- ☐ 世界永遠比自己想像中來得更大。
- ☐ 正視自己的財力，如果超過自己的範圍勉強去實現，只會給自己和別人帶來負擔。
- ☐ 培養「受挫的復原力」。
- ☐ 擬過計畫執行成功的人，人生會變得更積極。

chapter 10

今年我要學跟十年後的自己對話

相信人生可以
規劃、預期。

不斷練習再練習，
讓自己更喜歡自己。

對話①：找到一個方法認識未來的自己

我從來不羨慕像哆啦A夢那樣可以到未來去看自己，也不覺得透過算命去看未來有什麼神奇之處，因爲從二十歲開始，我就已經認識了三十歲的自己，在我三十歲的時候，我已經認識了那個四十歲的自己，我其實也認識五十歲的自己，我們相處得相當不錯。

並不是因爲我開天眼有什麼超能力，而是因爲我相信人生當然是可以規劃、預期的。當然，際遇會有變化，但是總是說「計畫趕不上變化」的人，他們的日常生活中往往被瑣事所塡滿，因爲他們把一天之中大部分的時間，都花在應付那些臨時發生的事情，卻只用剩下的瑣碎時間，來朝向人生的計畫行走，不會到達目的地，一點也不意外。

我提醒自己，每一天大部分的時間，都要花在朝著變成那個十年後自己想要變成的人、變成自己喜歡的人這個很棒的目標努力，至於每天穿插進生活裡的大小事件，只要用剩下的瑣碎時間來處理就好了，就算處理不完，也沒有關係，因爲既然是變化，明天說不定又會生變，何必太認眞？

快要二十歲的時候，我讀到一篇關於心理學上「未來的我」的概念，對我有莫大的幫助，我不記得詳細的細節跟理論，但是應該也沒什麼關係，因爲重要的是，要能夠找到一個方法去認識未來的自己。

我自己的方法，是拿起一張自己現在的照片，然後開始在這張照片上，畫出十年後的自己：

十年後，我會長什麼樣子？

十年後，我住在一間什麼樣的房子？這間房子在哪裡？

十年後，我想看到自己身上穿什麼衣服？

十年後，我身邊會有些什麼人？他們跟我的關係是什麼？

十年後，我會每天工作嗎？做什麼？工作型態又是如何？

當然，也可以不斷地增加更多的問題，但是我是個相當懶惰的人，我也相信如果問關鍵性的好問題，只要這五個，就已經足夠可以勾勒出未來的我了。因爲這些問題，都藏著回答「我是誰」這個問題的關鍵線索。

十年後，我會長什麼樣子？就是我們在前面第三部分說的自我形象管理。會不會禿頭，通常看看親生父母就知道八九不離十，但是沒有人的願望會是十年後的自己比現在的自己胖二十公斤，並且老態畢露。現在的生活習慣，會不會導致十年後變成自己無法接受的形象？如果不想要十年後的自己變成那樣，唯一的答案掌握在現在的自己手上。未來這十年當中，要保持什麼樣的運動習慣？要如何管理自己的外在形象？

十年後，我住在一間什麼樣的房子？這間房子在哪裡？描述著未來自己的經濟狀況。房子在我現在居住的城市、另外一個城市，還是根本就在另外一個國家？這間房子是我自己買的，還是租的？爲了要能夠在這一間房子裡生活，現在的我需要開始做些什麼，才會變成這間房子的主人？到時候的我，需要做什麼樣的工作，才不會空有一間理想中的住宅，每天晚上卻只能拖著疲憊的身軀回來洗澡、睡覺？

十年後，看到自己身上會穿什麼衣服，透露著未來的「身分」。成天衣著西裝筆挺的人，一定跟穿著醫師袍的人，過著完全不同的生活。同樣是穿西裝，但是時尚的窄版，而且沒有穿襪子，跟穿三件式西裝還有懷錶及口袋裡熨成完美正方形的手帕，當然是兩種不同的人生。受不了看到自己穿西裝的想法嗎？想看到自己每天穿著牛仔褲、清爽的白色polo衫跟帆船鞋？那也很不錯，總之不會有人看到自己穿著睡衣睡褲，邋遢地躺在床沿拿著電源插在牆壁上的手機上網吧？如果不會的話，現在已經天天過著這樣的生活，以後能有改變嗎？

十年後，我身邊會有些什麼人？他們跟我的關係是什麼？有養貓狗嗎？這是我們在第五部分裡面所說的人際關係建立的必然結果。有養寵物的話，生活應該是很穩定吧？整天東奔西跑的人，是不適合在家裡養貓狗的。看不到身邊有伴侶的人，也要做好心理準備，接下來這十年也不會像被閃電擊中一樣，突然在未來十年的某一天「自動」找到眞愛。有孩子嗎？幾個？跟父母同住嗎？爲什麼是這個結果？身邊有十個値得一輩子交往的好朋友嗎？雖然想要卻不會有嗎？如果現在沒有覺得爲未來交朋友很重要，當然現在也不會好好地去認識値得認識的人。未來十年在學校、在職場，相信自己會「自然而然」交到很多値得交往終身的好朋友，就像相信買東西拿發票，連對都懶得對就「自然而然」會中獎一樣。

十年後，我會每天工作嗎？在哪裡？做什麼？工作型態又是如何？是在一家公司朝九晚五，還是待在家裡透過網路工作？要符合哪些條件，我才會非常喜歡？那份工作是跟現在所做所學有所延伸聯繫的，還是最好完全跟現在的性質、型態都完全不同？這就是我們在第六部分中所說的，如何在未來的這十年當中，增加自己的專業性，讓自己在那個非常著迷的領域，變成一個連現在的自己都會尊敬的專家、達人。

在一張照片上，具體用畫的方式回答了這五個問題，我們就已經看到了一個十年之後，讓我們會想要看到，變成自己喜歡的那個人的形象，也看到了自己喜歡的未來生活。

「那三十歲的你，眞的跟你二十歲的時候想像的一樣嗎？」有朋友半信半疑地這麼問我。

我認眞想了一想，很滿足地說：「是的，眞的很像。如果有什麼不一樣的話，那就是比我想像中的更好一些。」

實際上，四十歲的我，也跟三十歲的時候想像出來的我非常相似，而且更好。天啊，我眞是一個幸運的人！

對話②：讓自己更喜歡自己

我想要分享一下，二十歲時的我是什麼樣子的，當時想要變成的那個三十歲的自己，又是怎麼樣的。我當時是這樣回答這五個問題的：

十年後，我會長什麼樣子？

二十歲的我很瘦，手長腳長的我有些太單薄了。我三十歲的時候想要夠健壯，但是不是健美先生，而是沒有人會覺得弱不禁風的那種。最好是走路的時候，同年齡的路人會忍不住用稍微帶一點羨慕的眼光看的那種，但是我要假裝沒有看到，隨意地走過去。我喜歡游泳，但光是游泳恐怕不夠，因爲游泳只會繼續讓我的肌肉拉長，所以我要加入一些讓肌肉可以橫著長的方式，像是養成上健身房舉重的習慣，也要開始訂閱健身主題的雜誌，知道如何透過飲食、運動調整，從現在的男孩變成一個男人。

十年後，我住在一間什麼樣的房子？這間房子在哪裡？

我想住在一間有著安靜海邊的房子，我不知道那是在哪裡，但是可能不是在台灣吧？因爲印象中台灣海邊的房子好像都不是我想要的木屋。我早上起來第一件事，要帶著狗跟獨木舟到海裡去划船，白天應該會花很多時間坐在落地窗前面的書桌寫稿。因爲我還是很喜歡寫作的，我想變成一個眞正的專業作家。下午我要到喜歡的咖啡館跟好朋友見面，畢竟整天待在房子裡寫作太無聊了。這個想法是我在雜誌上看到一位日本老作家（有可能是出身北九州市的詩人高橋睦郎，他住在三浦半島的逗子市，但是細節已經記不得了）描述他每天的生活，覺得羨慕極了，「那也是我想要的家！」我立刻就把這篇文章剪下來，貼在衣櫃裡。

另外，如果找到的理想地點不在台灣，那麼就還有一些法律的條件需要滿足，像是工作簽證或是移民的條件等，也要在這十年當中完成。

十年後，我想看到自己身上穿什麼衣服？

雖然我很羨慕人家穿高級西裝，尤其是那種雪白的，漿得又硬又挺的領子，還有閃耀著黑色金屬光澤的袖釦，袖口還有繡上自己名字的縮寫，但是我是個很會流汗的人，每次穿西裝總是熱得一身汗，而且爲了看起來氣派卻讓自己那麼拘束，我看還是偶爾穿穿就好，天天穿會出人命的。可是我也無法想像自己像劉克襄那樣，整天穿著卡其短褲、戴著圓帽走來走去，所以可能會找一個大多數時候，冬天可以穿呢絨的格子獵裝，肘部有一塊帥氣的圓布，夏天則穿水色細直條紋西裝外套的工作，雖然我完全不曉得那是份什麼樣的工作。

十年後，我身邊會有些什麼人？他們跟我的關係是什麼？

我應該沒有可能跟父母同住吧？因爲他們都是非常獨（ㄋㄢˊ）立（ㄒㄧㄤ）型（ㄔㄨˇ）的人，我還是應該會有個自己的家庭。對於恆久不變的美好愛情，美好的家庭，另外一半就是生活當中最好的朋友，當然是憧憬的，但是世事難料，所以要趕快先跟我一位非常好的異性朋友×××協議，如果三十歲男未婚女未嫁，我們就結婚吧！至於是不是要小孩就要非常愼重其事，因爲經濟會是很大的負擔，遺傳基因也不是說比人家好，加上喜歡旅行的生活一旦因爲有孩子而中止時，我不希望自己是那種遷怒孩子，口口聲聲說自己爲下一代犧牲的討人厭父母。另外，我身邊有很多好朋友，三十歲以後應該也是這樣吧！

十年後，我會每天工作嗎？做什麼？工作型態又是如何？

如果想要三十歲起當專業作家的話，這中間十年的時間應該已經累積到相當穩固的基礎，才有可能以寫作爲生。這點想起來似乎不大有把握，因爲我寫得還不算很好，二十歲以前出過的書，銷售也只能說是普通。備案是我可以兼當翻譯，如果是自由工作者的話，一定要有紀律，比如說每天固定的時間要到咖啡館去，無論寫得順手與否，規定一定至少要完成多少字數，就算之後因爲寫得太差必須全部丟掉也沒關係。否則就只是整天晃來晃去，我也看過不少這種像遊魂般飄飄蕩蕩的「作家」，寫得少，不夠勤快，卻總是說沒有靈感，我千萬不要當這樣的作家啊！

這樣的形象，是一個讓二十歲的我會喜歡的自己。但是當時連一點樣子都還沒有，這十年中間，我沒有時時回頭去修改這個未來的我的樣子，而把力氣放在執行這個計畫上。

如果十年之後，我要變成這樣的話，那麼五年之後，至少要到什麼程度？

如果五年之後要到達這個程度的話，這中間的四年，每一年要達到什麼目標？

就這樣，三十歲時的我，除了沒有成爲專業作家之外，基本上都符合二十歲時自己勾勒出來的樣子。雖然我沒有變成專業作家，但是我的確很有紀律、很規律地、不停地寫著，從來沒有中止過——坐在波士頓的木屋裡，面海的那扇大窗戶後面，努力地寫著，同時拿出另外一張照片，開始勾勒四十歲的我，又該是什麼樣子。

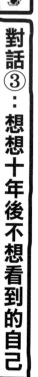

對話③：想想十年後不想看到的自己

回想起來，我每十年一次的「未來的我」好像都能夠順利成功，並不見得是我特別好運，而是我在勾勒這個未來的形象時，可能做對了三件事情：

1專注在知道的部分

知道的部分就盡量想得很細，非常細。至於不知道的部分，就不用想了，無論看起來多麼本末倒置。

知道的部分，就盡量想得很細節，像是我很清楚知道一間怎麼樣的海濱木屋，會讓十年後的自己非常喜歡，連窗戶是怎麼樣的（要很大面的玻璃），外面的風景如何（有一點沙灘的安靜海邊），都好像二十歲時候的我只要一推開窗，就可以聞得到海洋的味道。至於不知道的部分，像是那個海濱在哪一個國家？經濟上我要如何負擔得起這一間房子？如果那是一個外國，我要如何取得合法的外國人居留身分才能住在當地？這些事情，完全不是當時的我能夠想像的，反正不知道，所以就完全不去想，一旦開始想的話，我可能會被現實影響，反而無法專心描繪那個理想的生活。

2 創造「未來的記憶」

如果我已經可以看到一個十年後希望成為的自己，就表示一定也有一個十年後不想看到的自己。一個二十歲時總是趴著、躺著滑手機的人，不會到了三十歲，突然之間就站起來，振作一番。因爲那個三十歲的我，並不是跟二十歲的我完全不同的兩個人，而是「二十歲的我」的延續，我一切所做的、跟一切沒有做的，都會直接影響到那個「三十歲的我」的命運。

當我具體想像未來的畫面時，同時也就意味著我更具體、更直接地思考我現在選擇的結果——我可以一直繼續趴在床上滑手機，十年後還在做一樣的事，只是變得比現在更不健康、更沒有信心、更沒有行動力，卻還是繼續空想著美好的未來，還是現在就應該站起來，走出門去？到時候的我，對於現在有做或是沒有做的選擇，會有什麼樣的感覺？是慶幸，還是後悔？

3 練習跟「未來的自己」對話

當我不知道答案的時候，我就會問照片當中那個十年後的我，彷彿他是一個活生生的對象。

「喂！我問你呵，如果我現在不做，會不會讓十年後的我怨嘆『啊！要是那時候有鼓起勇氣試試看就好了？』」

「你會不會覺得，我那個時候如果有做，就算失敗了也比沒做好？還是這件事情有做、沒做都沒差？」

「如果我現在就開始這麼做，你會不會就是那個我現在很想成爲的那個人？」

其實，今天的我們也都會忍不住想著：「啊！如果十年前有恆心繼續學鋼琴就好了。」或是「十年前我不是就已經有想過要去單車環島旅行嗎？那個時候爲什麼沒有出發？我現在應該怎麼做，才不會歷史重演？」練習跟未來的自己說話，就好像現在可以跟過去的自己說話一樣。

對話④：人生是自己的，誰也無法幫你創造

我有一個年輕的讀者Maggie，因爲讀了我的一本書之後，用她自己的話說是「鼓起了巨大的勇氣」跑到澳洲去打工度假，結果眞的得到人生還有書本上學不到的東西。比如說在農場工作，每天跟一群五、六十歲來自柬埔寨的阿嬤工作，Maggie發現這群一把年紀還漂洋過海當外勞的阿嬤們，不會因爲年紀大就故意採花採得慢，或者因爲下冰雹天氣冷而偷懶，永遠都是隊伍中速度最快的一群，儘管工作再累，花田裡永遠都充滿著她們的笑聲。每天看到這一幕，Maggie都會默默地感動，因爲這份工作讓她知道作爲一個人，要對動、植物都保持著謙卑與尊敬，也要有這群柬埔寨阿嬤的精神。

但是結束五個月的澳洲生活，回到台灣一個月後，Maggie發現自己從一個眼睛本來會發光的少女，漸漸地走向光芒減弱的少女，甚至變得有點恐慌，不知道自己的未來在哪裡，家人、親戚，甚至鄰居都來「關心」，奶奶要她找份工作不要讓鄰居說閒話，親戚覺得Maggie也老大不小了（雖然她才二十三歲），要趕快穩定下來，不要讓爸媽擔心，以至於壓力大到快爆炸了，甚至有點不敢走出家門。

「我該怎麼辦？」Maggie問我。

我想了想，很認眞地說：

「我喜歡妳前半段的故事，但是不喜歡後半段。因爲如果妳不趕快停止的話，故事後半段那個人，就會變成以後妳的人生。」

我想到一次達賴喇嘛在與著名的巴西自由派神學家Leonardo Boff的對話中說得好：

「觀照你的思想，因爲它會變成語言。

觀照你的語言，因爲它會變成行爲。

觀照你的行爲，因爲它會變成習慣。

觀照你的習慣，因爲它會形成你的個性。

觀照你的個性，因爲它會成爲你的命運，

而你的命運就是你的人生。」

每次有人用羨慕的口氣說「你眞好運」的時候，我都會想到這段話。

夢想是什麼？我相信夢想實現既不是頭銜，也不是令眾人稱羨的工作，而是能夠成爲想要變成的那個人；而**追逐夢想，應該就是「變成那個自己喜歡的人」的過程**。

現在的我，擔任美國華盛頓特區一個國際金融組織專門監察機構的緬甸代表，對於這樣的生命狀態，可以說是相當滿意。但是派駐緬甸十幾年的我，並不是一開始就對於緬甸有感情，甚至不是一出社會就踏入NGO的，這中間經歷的轉折，就是所謂的逐夢。

二十多歲踏入NGO之前，我在美國一間上市的科技公司擔任產業顧問，公司指派給我的任務是以每半年爲一期，到世界各地開創分公司，工作有趣也有挑戰性，因爲可以一邊旅行一邊學做生意，不喜歡束縛的我也不需要每天在辦公室朝九晚五。從各種條件上來看，都是一份像夢幻般的工作，雖然工作人人稱羨，但是我給自己一個非常清楚的期限：我想要四十歲退休。

但是隨著時間過去，我開始問自己「這件事爲何非做不可？爲何非我不可？」

我想的是，**個人價值的不可取代性**。

不斷自省的過程中，我不得不面對探討自己存在的價值，檢視自己對這份工作是否還有熱情，因此我開始問自己一個很基本的問題：

「如果我這份工作眞的這麼符合夢想，又可以旅行、又可以賺錢、又可以學習國際商務經驗，爲什麼我還想著要四十歲退休？」

然後我才確知，原來我走錯路了。

直到踏入ＮＧＯ的世界，前往緬甸協助當地農民建置有機農場，我才發現，這份工作是不管到了幾歲，不管有沒有所謂的退休、雇主願不願意付我薪水，我都會繼續堅持的工作，**從那一刻起，我才相信自己正走在想要的夢想道路上，雖然從各種客觀條件上來看，我都過得不如以前**。

時時詢問自己，就像在《誰搬走了我的乳酪？》（Who Moved My Cheese?）裡面說的，「經常聞一聞你的乳酪，你就會知道，它什麼時候開始變質。（"Smell the cheese often so you know when it is getting old."）」

因爲**夢想就像乳酪一樣**，如果在製作的過程當中沒有仔細觀察、時時注意的話，也是會變質的，世界上絕對沒有將牛奶放著，久了自然而然就會變成好吃的乳酪的道理。**是否會喜歡十年後這樣的自己，也是要靠同樣的工夫**。**別忘了，有一天，夢想不是只有青春限定的口味**。有一天，你也要成爲一個眼睛發光的阿嬤！

今年
我要學跟
十年後的自己
對話

本計畫重點整理

- ☐ 十年後自己想變成什麼樣的人？
- ☐ 十年後自己不想變成什麼樣的人？
- ☐ 讓自己更喜歡自己。
- ☐ 變成自己喜歡的那個人。
- ☐ 個人價值不可取代，夢想不是青春限定口味。

Creative 183

1年計畫10年對話：
預約十年後的自己，需要年年實踐與更新（實現目標暢銷版）

填回函雙重禮
①立即送購書優惠券
②抽獎小禮物

作者｜褚士瑩
出版者｜大田出版有限公司
台北市一〇四四五 中山北路二段二十六巷二號二樓
E-mail｜titan@morningstar.com.tw http://www.titan3.com.tw
編輯部專線｜（02）2562-1383 傳真：（02）2581-8761
總編輯｜莊培園
副總編輯｜蔡鳳儀
行政編輯｜鄭鈺澐
行銷編輯｜張筠和
助理編輯｜郭家妤／葉羿妤
校對｜黃薇霓／鄭秋燕
初刷｜二〇一四年二月二十日
實現目標暢銷版｜二〇二三年二月一日 定價：三五〇元
實現目標暢銷版二刷｜二〇二三年九月八日
網路書店｜http://www.morningstar.com.tw（晨星網路書店）
TEL：（04）23595819 FAX：（04）23595493
購書E-mail｜service@morningstar.com.tw
郵政劃撥｜15060393（知己圖書股份有限公司）
印刷｜上好印刷股份有限公司
國際書碼｜978-986-179-785-4 CIP：177.2/111019273

國家圖書館出版品預行編目資料

1年計畫10年對話：預約十年後的自己，
需要年年實踐與更新（實現目標暢銷版）
／褚士瑩著 .——初版——台北市：大田
，2023.02
面；公分 .——（Creative；183）

ISBN 978-986-179-785-4（平裝）

177.2　　111019273